Avant les élections présidentielles

Pièces de théâtre politique

Du même auteur*
Certaines œuvres sont connues sous différents titres.

Romans

Le Roman de la Révolution Numérique
La Faute à Souchon : (Le roman du show-biz et de la sagesse)
Quand les familles sans toit sont entrées dans les maisons fermées
Liberté j'ignorais tant de Toi (Libertés d'avant l'an 2000)
Viré, viré, viré, même viré du Rmi !
Ils ne sont pas intervenus (Peut-être un roman autobiographique)

Théâtre

Neuf femmes et la star
Les secrets de maître Pierre, notaire de campagne
Ça magouille aux assurances
Chanteur, écrivain : même cirque
Deux sœurs et un contrôle fiscal
Amour, sud et chansons
Pourquoi est-il venu :
Aventures d'écrivains régionaux
Avant les élections présidentielles
Scènes de campagne, scènes du Quercy
Blaise Pascal serait webmaster
Trois femmes et un Amour
J'avais 25 ans
« Révélations » sur « les apparitions d'Astaffort » Brel Cabrel

Théâtre pour troupes d'enfants

La fille aux 200 doudous
Les filles en profitent
Révélations sur la disparition du père Noël
Le lion l'autruche et le renard,
Mertilou prépare l'été
Nous n'irons plus au restaurant

* extrait du catalogue, voir page 92

Stéphane Ternoise

Avant les élections présidentielles

Pièces de théâtre politique

**Sortie numérique : 14 avril 2011
Edition revue et actualisée en avril 2014.
Disponible en numérique et en papier.**

Jean-Luc Petit éditeur - Collection Théâtre

Stéphane Ternoise versant dramaturge :

http://www.dramaturge.fr

Tout simplement et logiquement !

Tous droits de traduction, de reproduction, d'utilisation, d'interprétation et d'adaptation réservés pour tous pays, pour toutes planètes, pour tous univers.

Site officiel : http://www.ecrivain.pro

© Jean-Luc PETIT - BP 17 - 46800 Montcuq – France

Stéphane Ternoise

Avant les élections présidentielles

Comédie politique contemporaine en trois actes

Deux versions très proches.

Distribution originelle : trois hommes deux femmes (réductible à deux hommes, deux femmes).

Deux rôles principaux, présents durant l'ensemble de la pièce : Jacques et Bernadette.
Leur fille, Claude, est présente à la fin de l'acte 1 et durant le troisième acte.

Bernard, le majordome est viré par Bernadette, remplacé par Jean-François dans la pièce initiale (les deux peuvent alors être joués par le même acteur) ou Pascaline dans la seconde version (distribution : trois femmes et deux hommes)

Stéphane Ternoise

Avant les élections présidentielles

Version 1

Comédie politique contemporaine en trois actes

Trois hommes, deux femmes
(réductible en 2 H, 2F)

Par « mesure de commodité », nous attribuons aux personnages des prénoms couramment usités dans les hautes sphères, en France, à la fin du deuxième millénaire (toute ressemblance avec des personnalités… imaginez la suite !). Osons même une date naturellement purement indicative : 1994.

Jacques : la soixantaine, maire d'une très grande ville, peut-être même la capitale du pays ; il souhaite obstinément devenir président de la République.
Bernadette : la soixantaine, très vieille France, son épouse.
Claude : leur fille, vingt-cinq ans.
Bernard : majordome… appelé Georges par Bernadette.
Jean-François : successeur de Bernard au poste de majordome… appelé Georges par Bernadette.

Acte 1

Le salon bourgeois, vaste, kitsch, dans les appartements privés de monsieur le maire.
Jacques, en peignoir, de dos, arrose une herbe bien verte dans un aquarium, avec une bouteille de champagne.
Entre Bernadette, allure se voulant très distinguée, tenue mondaine.

Scène 1

Bernadette : - Jacques, mon ami, voyons.
Jacques, *bien éméché, se retournant* : - Ah ! Vous, très chère épouse, (*en souriant* :) déjà ! Quelle agréable surprise.
Bernadette : - Jacques, du Dom Pérignon !
Jacques : - C'est pour la pelouse.
Bernadette : - Jacques, voyons, pas avec du Dom Pérignon.
Jacques : - Puisque vous n'en prenez pas, pourquoi ne pas en faire profiter cette magnifique pelouse.
Bernadette : - Vous m'expliquerez, un jour, pourquoi vous accordez une telle attention à ces quelques brindilles.
Jacques : - Mais je vous l'ai déjà confié, très chère et bonne épouse, ce gazon, ce sont mes sondages à moi. Il est vert, donc tout va bien, les sondages vont suivre ! Les français reverdissent quand on les arrose.
Bernadette : - Jacques, arrêtez de vous torturer, c'est fini. C'est fini, Jacques, nos rêves.

Jacques se retourne vers l'herbe et verse le reste de la bouteille de champagne.

Bernadette : - Mais ne gâchez pas ainsi le Dom Pérignon !

Jacques : - C'est la troisième bouteille, et à dix heures, réunion.

Bernadette : - Jacques, la cassette de la mairie n'est pas extensible à l'infini. Il serait préférable d'éviter d'ouvrir chaque matin une troisième bouteille de Dom Pérignon. Même une deuxième.

Jacques : - Et mes plantations ? Je vous rappelle avoir déjà arrêté la cigarette !

Bernadette, *didactique* : - Le temps des économies est venu Jacques, vous le savez bien. Remplacer trois paquets de cigarettes par trois bouteilles de Dom Pérignon, Jacques, vous exagérez.

Jacques se retourne et mouline des bras (avec sa bouteille de Dom Pérignon dans la main droite).

Bernadette : - Envoyez plutôt une caisse chaque semaine dans notre grotte ! Il est temps de prévoir toutes les hypothèses.

Jacques : - Vous me voyez vivre comme un fuyard !

Bernadette : - La France est tellement surprenante... Et souvenez-vous, Jacques, le matin où vous m'aviez murmuré en souriant (*elle sourit à cette évocation*).

Jacques de nouveau mouline des bras.

Bernadette : - Vous m'aviez murmuré en souriant, comme vous murmuriez alors parfois : si nous passons une bouteille de Dom Pérignon en note de frais chaque matin, je serai le plus heureux des hommes.

Jacques, *se retourne* : - Chère épouse, j'étais jeune, vous étiez jeune, nous étions jeunes, je ne me rendais pas compte combien les administrés, nos chers concitoyens, contemporains, contribuables et même concessionnaires, combien ils peuvent être couillons, combien le budget

municipal permet amplement plus... D'ailleurs il va falloir se servir un bon coup... Tout peut arriver dans ce pays !... Nous sommes d'accord sur ce sujet. C'est pas un carton que je vais envoyer mais un fourgon !... Après les socialistes, pourquoi pas la réincarnation d'un Bourbon ! Après tout, cette ville me doit tout ! Et je vais me faire construire un abri anti atomique !
Bernadette : - Pas en Corrèze quand même ! De tels travaux manqueraient de discrétion.
Jacques : - On leur dira que monsieur le maire pratique des fouilles archéologiques, recherche le patrimoine romain, une trace de Sénèque, et les rumeurs feront pschiiit...
Bernadette : - Ne confondez pas tout, Jacques ! Revoyez vos fiches, Sénèque n'est pas un nom romain.
Jacques : - Détrompez-vous madame. Sénèque fut le précepteur de Néron (*on sent qu'il récite*), ce même Néron lui ordonna en l'an 65 de se suicider et, stoïque, Sénèque se poignarda. En ce temps-là, on respectait les chefs !
Bernadette, *sans transition* : - Georges nous vole, j'en suis certaine.
Jacques : - Chère épouse, arrêtez de l'appeler Georges, il va finir par nous quitter, lui aussi !
Bernadette : - N'allez pas dire que vous vous souciez du visage de ces gens.
Jacques : - Mais Georges, qui accepterait qu'on l'appelle Georges !
Bernadette : - Vous le savez bien, cher Jacques, chez père ils s'appelaient tous Georges, les... boys.

Jacques sourit à ce « boys. »

Jacques : - Je n'ai jamais eu à me plaindre de lui ! L'homme le plus discret que je connaisse.

Bernadette : - Georges nous vole. Je prends 4000 francs chaque matin, j'en mets deux au coffre et il ne nous ramène que de la menue monnaie. 2000 francs de dépenses, à qui le ferait-on croire !

Jacques durant cette explication gonfle les joues d'un air « elle me barbe. »

Jacques : - Vous n'allez quand même pas me reprocher ce plaisir, le Dom Pérignon et les pommes sont des bienfaits de la nature comme jacasse votre ami l'écolo. Je ne vais quand même pas prendre de la bière au petit-déjeuner ! Du lait au chocolat tant que vous y êtes ! Ou du thé comme ce traître de… De qui vous savez !

Bernadette : - Vous savez bien que le Dom Pérignon n'entre pas dans ses attributions, qu'il passe au budget réceptions de la mairie… Vous voyez Georges sortir chaque matin de chez Fochon avec trois bouteilles de Dom Pérignon… Quelle discrétion !

Jacques : - Vos rimes sont vraiment délicieuses, très chère épouse, vous devriez publier un recueil de poésie.

Bernadette rougit, prend au sérieux cette « boutade »

Bernadette : - Ah ! Jacques, ça fait si longtemps que vous ne m'aviez murmuré un tel compliment… ça fait du bien… Mais Georges nous vole.

Jacques : - Oh madame ! Ne recommencez pas ! Il faut bien accepter quelques pertes ! On ne va quand même pas lui demander de ramener des tickets de caisse alors qu'Antoine fait preuve d'une inspiration débordante pour nous sortir chaque semaine des fausses factures ! Tout le monde nous vole. Tout le monde vole dans ce pays. Vol et magouilles sont les trois mamelles de ce pays ! C'est le drame des valises. Y'a toujours quelqu'un pour les ouvrir

au passage et prendre sa petite commission. Tu crois peut-être que Charles est un ange ? Alors pour quelques pièces, vous n'allez pas me les...
Bernadette, *couvre sa voix* : - Jacques, utilisez des images convenables !...
Jacques : - Vous n'allez quand même pas vous mettre à compter les pièces jaunes.
Bernadette, *excédée par cette remarque, lâche* : - Ce n'est pas la boîte qu'il vous remet chaque matin qui fait le compte.

Jacques, secoué, assommé, se retourne vers sa pelouse et verse... Mais sa bouteille est vide. Il la pose finalement par terre.

Bernadette : - Je suis une vieille femme qui souffre, Jacques ! Vous me croyez la plus résistante, inoxydable... Mais votre conduite... Je me sens trahie... Il devient nécessaire d'aborder ce sujet.
Jacques, *en se retournant, très cassant* : - Mais vous espionnez monsieur le maire, madame, et vos conclusions, je suis au regret de vous le déclarer, sont fausses. Sachez, chère épouse, que monsieur le maire a des obligations professionnelles !
Bernadette : - Un jour il vous faudra choisir entre elle et moi.
Jacques, *en souriant* : - À notre âge, chère épouse, vous n'allez quand même prêter oreille à des... rumeurs.
Bernadette : - Pas ce mot dans votre bouche, Jacques. Vous savez combien un tel mot, avec tout ce qu'il implique, peut me faire souffrir quand il sort de votre bouche. Que Georges nous vole, certes, je suis habituée, tous les Georges sont des voleurs.
Jacques : - Chère épouse, comme en politique, méfiez-vous des généralisations. Tous les italiens sont. Tous les

espagnols sont. Tous les corses sont. La France est une et indivisible. Et notre majordome ne s'appelle pas Georges.

Bernadette : - Majordome, majordome... Ni major ni homme (*très satisfaite*). Et qu'en plus, il vous remette chaque matin votre boîte de 24 derrière mon dos, ce n'est pas convenable... Mais Jacques, qu'en faites-vous, 24, vous n'êtes quand même pas spiderman.

Jacques : - Mais c'est une fixation madame, mais vous devenez psycho-frigide... Psycho-rigide ! Vous connaissez mes obligations et ma générosité. Peut-être qu'un matin vous avez vu Bernard me remettre une boîte de préservatifs, appelez les choses par leur nom.

Bernadette a une grimace de dégoût.

Jacques, *très maire en discours* : - Mais sachez, madame la première dame de cette honorable et millénaire cité, qu'offrir des condoms à un client, c'est aujourd'hui un cadeau très apprécié.

Bernadette, *durant sa respiration* : - N'exagérez pas, monsieur le maire.

Jacques, *comme s'il n'y avait pas eu d'interruption* : - Le responsable invité comprend que monsieur le maire est favorable à une collaboration, qu'il peut tutoyer les secrétaires, qu'il lui suffit de prendre rendez-vous avec Antoine pour les modalités pratiques, surfacturations, commissions, diamants, (*souriant* :) non, jamais de diamants ! Tout le monde sait que ce ne serait pas... Comment dites-vous ?... Oui convenable ! Votre harcèlement moral me fait fourcher la langue, madame ! Même ici, un jour il me faudra un prompteur !

Bernadette : - Soyez raisonnable, Jacques. Vous n'allez quand même pas me faire croire que ces choses ne sont pas pour votre consommation personnelle.

Jacques : - Pour votre information... Ces choses... Ne se mangent pas !

Jacques s'avance, il titube.

Bernadette : - Jacques, mais vous êtes saoul, mon ami.
Jacques, *sourit* : - Une douche, et hop !
Bernadette : - Et hop, prenez garde. N'oubliez pas vos… Vos… Machins. J'ai hier soir pris à part notre ami l'éminent scientifique et il m'a affirmé, juré, que l'âge ne protège pas de la terrible maladie.
Jacques : - Qu'imaginez-vous, chère épouse, et hop, c'est le contrat sera signé ce matin ; et ce soir vous verrez la valise, et on fête ça (*un pas de danse*).
Bernadette : - On… Vous voulez dire, vous et… Et ces secrétaires.
Jacques : - Chère épouse, pas d'insulte, secrétaires, oh !, je ne suis pas un vulgaire patron d'industrie en goguette.
Bernadette, *de haut* : - Vous savez bien que secrétaire est une rime de roturière.
Jacques, *qui regarde sa montre* : - Bon, bon, je vous souhaite une agréable journée, chère épouse. Et saluez bien ces dames de vos œuvres. Embrassez tendrement la gamine… Il va falloir qu'elle se lève à une heure… Oui convenable… Si elle veut me suivre sur les routes sinueuses…

Il sort en envoyant un baiser très théâtral.

Scène 2

Bernadette s'affaisse dans le canapé.

Bernadette, *murmure* : - Il me trompe, il m'a toujours trompé, il me trompera toujours, et en plus, il ne sera jamais président de la République. Je ne serai jamais madame la première dame de France (*elle se prend la tête dans les mains puis se redresse*). Quel échec ! Je n'aurais quand même pas pu épouser un socialiste. Quelle horreur, moi, maquillée en socialiste ! Non, je n'aurais jamais tenu... Edouard, Edouard, Edouard... Oui, bien sûr... Mais qui aurait pu croire. Edouard, croire. Y croire avec Edouard. Quel beau slogan je lui aurais écrit. Jacques... Jacques tête à claques. Prendre une claque avec Jacques. (*silence*) J'aurais dû m'en douter ! Que peut-on espérer quand on s'appelle Jacques ? Tous les Jacques sont des (*elle cherche une rime...*) C'est plus facile de rimer « si elle veut me suivre sur les routes »... Pauvre enfant !... Avec son père en déroute... (*elle sourit*) Mais c'est un alexandrin ! (*elle compte sur ses doigts... elle compte deux fois jusqu'à dix et s'exclame, ravie :*) Un double alexandrin ! Une alexandrine !

Elle prend un journal, l'ouvre, feuillette. Se prend la tête dans les mains.

Bernadette : - 62% d'opinions favorables ! Le scélérat ! L'usurpateur ! Le manipulateur ! Le menteur ! Le traître ! Le copieur ! Le voleur ! L'hypnotiseur !

Elle se cache le visage avec le journal.

Bernadette, *murmure* : - Il me trompe. Il me trompe. Mais bon, plutôt ça que le suicide ! Il ne s'en remettra jamais, mon Jacques. « Bonsoir, monsieur le maire », je le hais, cet Edouard. Edouard cafard. Et si on imprimait des autocollants "Edouard Cafard". Tous les enfants répéteraient Edouard cafard, Canal lui adjoint ce répugnant animal sur l'épaule... il chute dans les sondages... Mais non, ça ne servirait à rien, le pays ne croit plus en Jacques... Jacques ne croit plus en lui... Je ne crois plus en Jacques... Jacques ne m'a jamais écouté... Tout le monde nous a lâchés, même ce scélérat de petit Nicolas... Même Charles... Non, je n'irai pas aux œuvres... Bernadette est fatiguée... (*Bernadette se redresse et crie*) Georges !

Entre Bernard

Bernard : - Madame m'a demandé.
Bernadette : - Dom Pérignon.
Bernard : - Bien madame.

Bernard va vers la pelouse et ramasse la bouteille.

Bernadette : - Non Georges, servez. Servez-moi une bouteille de Dom Pérignon.
Bernard : - Oh madame !... Excusez-moi, madame... C'est sorti tout seul.
Bernadette : - Je sais Georges, vous prenez à mon égard de grandes libertés, libéralités (*sic*) même.
Bernard : - Madame.
Bernadette : - Veuillez me servir avant que j'achève mes récriminations. Sur votre exclamation, je n'y reviendrai plus, la considérant comme une référence à ma légendaire sobriété.
Bernard : - C'est exactement cela, madame.
Bernadette : - Madame attend.

Bernard sort et revient presque immédiatement avec une bouteille et une coupe sur un plateau. En silence, il ouvre la bouteille, verse une coupe et sert.

Bernadette, *avant de boire* : - J'ai d'ailleurs évoqué ce matin avec monsieur le maire la boîte que chaque matin vous lui remettez.

Bernard gêné. Bernadette boit une gorgée (ne peut retenir une grimace).

Bernadette : - Il faudrait couper cela avec un peu d'eau... Ou de la crème de cassis comme faisait mère (*elle se signe*).

Bernadette, *à Bernard* : - Vous ne niez pas, j'espère.

Bernard : - Je suis au service de monsieur le maire et de son épouse.

Bernadette : - Mais sachez, Georges, que monsieur le maire n'hésiterait pas si je lui demandais de choisir entre moi et vous.

Bernard : - Oh madame ! Je vous jure, monsieur le maire est pour moi comme le grand frère que j'aurais tant voulu avoir !

Bernadette : - Ne faites pas votre Antoine !

Bernard : - Je vous le jure madame, il ne s'est jamais rien passé entre monsieur le maire et moi, je suis 100% hétérosexuel et je n'ai aucun doute sur monsieur le maire de même.

Bernadette : - Quels termes de barbare osez-vous prononcer devant moi. Mais vous avez bu, Georges !

Bernard : - Oh non madame, jamais durant le service, madame (*comme malgré lui, Bernard jette un œil sur la pelouse*).

Bernadette, *sourit* : - Je crois, Georges... Malgré votre caractère, disons par *euphonisme* (*sic*) détestable, nous pouvons nous entendre.

Bernard : - Madame.

Bernadette : - Au moins sur un point.

Bernard : - Je suis au service de madame.

Bernadette : - Depuis que monsieur le maire s'obstine à utiliser le reste du Dom Pérignon comme engrais, il vous prive ainsi de ce noble breuvage.

Bernard : - Oh madame.

Bernadette : - Ne niez pas. Si vous commencez à me contredire, nous ne nous entendrons jamais.

Bernard acquiesce de la tête.

Bernadette : - Donc, vous avez une raison de maudire ce gazon... Et vous n'êtes pas sans ignorer le motif de ma profonde absence de sympathie pour ces brindilles.

Bernard fait mine de ne pas comprendre.
Bernadette boit une nouvelle gorgée. Elle toussote.

Bernadette : - Quinze jours qu'il a tourné autour de cette... cette secrétaire, avant ce voyage d'affaires au Moyen-Orient. Ah il est revenu guilleret ! Vous voyez, j'ai mes informateurs. Même à Djibouti ! (*plus haut* :) Je sais tout.

Bernard pousse un « oh » très caricatural et de manière très caricaturale se cache les yeux.

Bernadette : - Vous auriez pu faire acteur !

Bernard, *sourit* : - Trois ans de conservatoire. Mais je n'avais pas le physique. J'ai bien joué quelques petits rôles. Mais toujours on me disait, vous n'avez pas le physique. J'y ai pourtant cru, quand j'ai joué avec Louis De Funès. Malheureusement la scène a été coupée au montage. Aujourd'hui je serais Delon, Belmondo, ou même Depardieu.

Bernadette : - Bref. Je vous fais remarquer que vous n'êtes pas chez le coiffeur !

Bernard, *la fixe :* - Madame, je vous avoue ne pas comprendre.

Bernadette : - Vous être vraiment fermé à la poésie… Bref… Conservez pour votre coiffeur la nostalgie de vos tentatives artistiques.

Bernard : - C'est ma femme qui me coupe les cheveux. Avec les enfants qui grandissent, nous n'avons pas beaucoup d'argent, alors nous économisons ; sans être radins, nous…

Bernadette *le coupe :* - Je veux bien être patiente mais nous ne nous en sortirons jamais si vous continuez à vous répandre en incohérences. Bref, nous avons chacun notre raison de maudire ce gazon. Donc, croyez bien que je ne verrais aucun inconvénient à une subite maladie fatale de ce gazon.

Bernard, *comprend soudain* : - Du Roundup ?

Bernadette : - Je vous rappelle que suis une femme, j'ignore donc les termes techniques du jardinage. Mais vous m'avez compris.

Bernard : - Monsieur le maire va avoir du chagrin.

Bernadette : - Ne vous inquiétez pas, ce genre de chagrin ne dure jamais bien longtemps. Elle reviendra d'Espagne qu'il ne se souviendra même plus de son prénom. Vous voyez, je connais même son emploi du temps, à cette raison, cette Christine. Je sais même son nom, son âge, la fortune de son père, tout quoi ! Qu'elle ne se fasse aucune illusion : elle ne fera pas exposition… (*qui s'aperçoit, face au regard de Bernard, de son erreur*) Ni exception.

Bernard : - Mais si monsieur le maire a des soupçons.

Bernadette : - Ne vous inquiétez pas, je saurai le culpabiliser sur l'utilisation du Dom Pérignon.

Bernard : - Mais le Roundup coûte cher.

Bernadette : - Georges, n'exagérez pas, je ne surveille pas vos dépenses, il doit bien vous rester quelques billets. Puisque vous me rendez uniquement des pièces jaunes.

Bernard : - Oh madame.

Bernadette : - Convenons que le « Roundup » va clôturer, ou clore si vous préférez, ce chapitre de la monnaie. Appréciez, si vous le pouvez, ce clôturer pour un produit utilisé dans les jardins.

Bernard : - Mais demain est un jour de réception. Et pour acheter du Roundup, il me faut me rendre dans une jardinerie où personne ne me connaît. Et si vous me remettiez immédiatement la somme, je pourrais y passer dans la matinée... Et j'aurais moins d'état d'âme à faire ainsi de la peine à monsieur.

Bernadette : - Soit ! Pour que disparaisse ce gazon, je donnerais bien...

Elle sort de sa poche une liasse de billets.

Bernadette : - Il faut combien.

Bernard : - Euh... Tous frais compris...

Bernadette : - Comment ?... Tous frais compris ?!

Bernard : - Il faudra sûrement acheter un diluant car je suppose que vous souhaitez une action rapide, sinon le produit met des mois avant d'agir, et aussi des gants spéciaux, car ce produit est dangereux, des gants *ignignufugés* (*il cherche d'autres frais*)... Des lunettes de protection, un réservoir pour jeter le produit inutilisé, une pipette pour le transvaser, un désodorisant, car toute odeur pourrait inciter monsieur le maire à réclamer une... Une autopsie, une clé de 17 pour régler la pression, une meuleuse...

Bernadette : - Les détails m'importent peu. C'est comme en politique, on ne retient que le résultat. Combien donc ?

Bernard : - Au minimum six... Pour ne pas risquer que je revienne les mains vides, sept serait plus sûr. Quant au supplément, je le considérerai comme... Un signe d'estime.

Bernadette : - D'estime, n'exagérez pas.

Bernard : - Le mot m'a échappé. Que madame m'excuse.

Bernadette lui donne six billets. Bernard attendant toujours, elle lui en donne finalement un septième. Il sort. Elle s'aère avec la liasse de billets. Sourit. La remet dans sa poche et reprend sa coupe.
Claude entre alors qu'elle la porte à ses lèvres.

Claude : - Alors maman, père t'a convertie au noble breuvage !

Bernadette, *d'abord troublée, puis reprenant sa posture* : - Ma fille... Sache qu'il est important, en société, de pouvoir commenter. Je reniflais donc les arômes.

Claude fait un bisou à sa mère.

Claude : - Que se passe-t-il ? Papa a été appelé en urgence ?

Bernadette : - Nullement, ma chère fille. Que te fait-il penser ainsi ?

Claude : - Partir avec une bouteille où il ne manque qu'une coupe, ça ne lui ressemble guère.

Bernadette : - Sache que notre cher et fidèle ami Jean-Pierre doit passer. Et je compte le recevoir dignement.

Claude : - Un conseiller général !

Bernadette : - Président du conseil régional. Et sénateur. Sa positive attitude mériterait une plus vaste couverture. Son humour est unique : « *la route est droite mais la pente est raide* », il a conclu ce matin.

Claude : - Une lapalissade de bachelier !

Bernadette : - Ma fille... Nous ne savons pas ce que Dieu nous infligera comme épreuve, nous ne savons pas de quoi demain sera fait. Il nous faudra peut-être nous retrancher dans une région sauvage.

Claude : - N'exagère pas, maman ! Dans tous les cas, nous aurons largement les moyens de vivre de nos rentes ici !

Bernadette : - Ma fille… Un souverain ne peut redevenir un simple citoyen. C'est le pouvoir ou l'exil !
Claude : - Mais je ne suis pas la fille de Napoléon !
Bernadette : - Ta remarque est déplacée.
Claude : - Bernard !

Entre Bernard avec une veste et une écharpe lui couvrant une partie du visage.

Claude, *éclate de rire* : - Maman t'a donné ta journée pour aller au bal masqué !
Bernard : - Mademoiselle m'a demandé ?
Claude : - Une coupe, chevalier masqué ! Pour une fois que je peux boire un peu !
Bernard : - Bien mademoiselle.
Claude : - Je crois que toi, tu me caches quelque chose (*à sa mère* :) naturellement, je ne te demande pas quoi… j'ai retenu tes leçons sur la discrétion.

Bernard sort et revient quasi immédiatement avec une coupe. Il sert Claude.

Bernard, *à Bernadette* : - Je peux disposer ou dois-je rester pour assurer le service ?
Bernadette : - Nous saurons nous débrouiller sans vous. Allez où le devoir vous appelle.

Bernard sort discrètement.

Bernadette : - Ma fille… Je t'ai déjà dit de ne pas tutoyer les employés.
Claude : - Il me prenait sur ses genoux quand j'avais 10 ans !
Bernadette : - J'ai cru remarquer que tu n'avais plus le même âge ! Ce n'est pas parce que tout fout le camp qu'il faut oublier notre rang… D'ailleurs ton père souhaiterait que tu sois un peu plus matinale… Puisque tu vas bientôt visiter la France profonde…

Claude vide sa coupe et s'en ressert une.

Bernadette : - Ta grand-mère ne m'aurait jamais toléré un tel comportement.

Claude : - Mais le monde a changé maman ! Plus personne ne va acheter ses chaussettes rouges en Italie !

Bernadette : - Peut-être est-ce justement dans les apparences que nous avons failli. Le peuple a besoin d'être ébloui par notre grandeur.

Rideau

Acte 2

Le lendemain matin. Même décor... excepté le gazon « grillé. » Bernadette radieuse, installée dans son « fauteuil directeur », une revue en main... Elle ne lit pas, elle attend avec impatience.
On entend Jacques chantonner « on a gagné. » Il entre euphorique. Bernadette se plonge dans une fausse lecture. À peine passé la porte, Jacques regarde son gazon et s'arrête net à un « on a ga. »
Bernadette l'observe d'une manière se voulant discrète mais cache difficilement sa joie. Jacques est comme tétanisé.
Comme si de rien n'était :

Bernadette : - Nous avons encore gagné, Jacques.

Jacques s'approche de son gazon (dos au public donc), se penche vers lui, le touche.

Bernadette, *sourit (pour le public)* : - J'ai gagné. Il lui faut des grandes baffes à mon Jacques, et il repart. Une baffe et je repars, ça pourrait vraiment être son slogan. Un coup comme ça, Edouard ne s'en remettrait jamais.

Jacques, *toujours de dos* : - Un traître. Il n'y a qu'un traître pour m'avoir fait ça. (*se retournant vivement*) Qui est venu ici durant mon absence ?

Bernadette, surprise dans son sourire, se fige.

Jacques : - Vous ? Vous Bernadette... Je vois dans votre sourire...

Bernadette, *gênée, cherchant sa réplique* : - Oui Jacques, je souriais. Je souriais car je me doutais de votre réaction.

Jacques : - Mais c'est votre sourire, madame.

Bernadette : - Je souriais car vous cherchiez un traître pour expliquer la mort de ce *gazonneau*. Et je vois que vous cherchez désormais la trahison même dans votre maison.

Bernadette attend une contradiction qui ne vient pas.

Bernadette : - Comme souvent, vous me considérez responsable en cas d'échec et ne savez pas reconnaître ma part de travail dans la réussite.

Jacques, *pour le public* : - Blabla blabla... Ta part de travail, quand tu auras serré les mains bien gercées de cinq mille trois cent douze bouseux au salon de l'agriculture, tu sauras ce que c'est de mouiller sa chemise.

Bernadette, *continue* : - Subodorant votre probable injuste réaction, j'ai pris l'initiative, ce matin, de téléphoner à notre ami Nicolas, Nicolas l'éminent scientifique...

Jacques : - Ecolos de mes...

Bernadette, *plus haut, couvre sa voix pour éviter d'entendre la suite* : - Pour lui demander si le fait d'imbiber avec du champagne, chaque matin, 600 centimètres carrés de brindilles de mauvaise herbe.

Jacques : - Mauvaise herbe !

Bernadette : - Déjà peu vigoureuse, pouvait, après 17 jours, causer une mort irrémédiable. Vous voulez connaître sa réponse.

Jacques : - Sur ce sujet comme sur d'autres, son avis, vous savez...

Bernadette, *laisse peser le silence puis* : - Afin que cessent vos allusions injustifiées, même si vous ne me présentez pas des excuses avec la solennité exigée par vos injustes insinuations, notre ami Nicolas est formel : le champagne est déconseillé comme liquide d'arrosage ; je vous épargne les termes techniques, mais la composition du champagne peut s'assimiler à une surdose d'engrais... J'ai naturellement évité de signaler à cet éminent

scientifique que ce champagne était votre troisième bouteille de Dom Pérignon... Au gré de notre amicale conversation, il m'a d'ailleurs confié une de ses idées, et je l'ai jugée très intéressante... Elle pourrait redresser votre courbe d'opinions favorables...
Jacques : - Mais naturellement je vous écoute... Le miracle se produira quand nous ne l'attendrons plus.
Bernadette : - Il s'agirait de trouver l'opportunité d'un grand discours écologique, à l'étranger de préférence, que la tribune soit mondiale, sur le développement du... Pas durant... Mais un nom comme ça.
Jacques : - Dupont...
Bernadette : - Durable. Oui... Le développement durable, c'est son nouveau concept, qu'il est disposé à venir vous exposer dans les détails, il va même publier un livre sur le sujet... Il est persuadé que c'est sur ce terrain que se gagnera la présidentielle...
Jacques, *crie* : - Bernard !

Bernadette frémit (non remarqué par Jacques).

Entre Bernard : - Monsieur m'a appelé.
Jacques : - Je suppose que vous savez.
Bernard, *très cinéma des années 50* : - Oh monsieur, c'est moi qui ce matin ai constaté le décès... J'ai tout de suite pensé à l'immense chagrin qu'allait ressentir monsieur. Je tenais à vous présenter toutes mes condoléances attristées.
Bernadette, *pour elle-même* : - Mais il fou !
Bernard, *continuant* : - Et je me suis tout de suite précipité à la cave.
Jacques : - À la cave ?
Bernard : - Pour vous remonter quatre bouteilles de Dom Pérignon. Je me suis dit que si une telle chose m'arrivait, je prendrais quatre bouteilles et j'irais me coucher... J'ai bien fait monsieur ?

Jacques : - Vous videz quatre bouteilles de champagne, Bernard !...

Bernadette, *pour elle-même* : - En plus de nous voler il nous vole.

Bernard, *troublé* : - Du champagne, du champagne... C'est comme ça qu'on appelle du mousseau, du Paul Bur, c'est le meilleur rapport qualité prix que j'ai trouvé, ça ne coûte pas plus cher qu'un gros pain. Quand on se fait une petite fête, avec Caroline, on ouvre une bouteille de Paul Bur... Je sais bien que la circonstance n'est peut-être pas bien choisie, mais avec les enfants qui grandissent, une augmentation...

Bernadette : - Il manque pas d'air celui-là ! Il va en avoir une belle d'augmentation, elle s'intitulera indemnités de licenciement, puisqu'on ne peut même plus simplement « signifier son congé. » Vous parlez d'un progrès !

Jacques : - Allez, vous êtes bien brave, Bernard, apportez deux coupes, nous allons trinquer ensemble... Même dans les tranchées les Hommes se relevaient pour un bon verre.

Bernadette : - Trois coupes.

Jacques : - Vous, madame !

Bernadette : - Vous êtes bien entré en chantonnant gaiement, « *on a gagné* », je suppose le juteux contrat signé.

Jacques : - 10% ! Pour tous les travaux dans les établissements scolaires. Nous allons avoir les plus beaux lycées du monde ! Et pour qui le pactole ? Et pour qui la belle avance ? Non madame, votre mari n'est pas battu. On va voir ce que l'on va voir, je saurai me battre... Tenez Bernard, en même temps que les bouteilles, ramenez-nous la valise sous la commode Louis XIV.

Bernard sort.

Bernadette sourit (on peut imaginer qu'elle pense : oh le grand enfant... une claque et il repart).

Bernard rentre sans bouteille mais avec l'attaché-case.

Bernard : - Monsieur le maire, monsieur Antoine désire vous parler.

Jacques, *soulève la main droite* : - Vous lui direz que vous ne m'avez pas trouvé.

Bernadette : - Que vous a-t-il fait, ce cher Antoine ?

Jacques : - Il a failli tout faire capoter avec son « rappel des nouvelles dispositions légales. » Ça jette un froid un truc pareil.

Bernadette : - Mais Jacques, vous ne seriez quand même pas dans l'illégalité ?

Jacques : - Moi ? Oh ! Jamais ! Antoine a toutes les délégations pour traiter ce genre d'affaires. Je suis au-dessus de tout ça, voyons madame, je suis monsieur le maire quand même... Même si parfois vous semblez considérer ce poste comme dérisoire.

Pendant cet échange, Bernard se place de façon à n'être pas vu de Bernadette et tente de communiquer à Jacques une information par signes, d'abord en décrivant un téléphone, puis en montrant l'aquarium puis finalement en sculptant des mains les hanches d'une femme. Jacques soudain comprend.

Jacques : - Bon, bon, puisque vous insistez madame, j'y vais, j'y vais.

Et il se précipite...

Bernadette : - Vous êtes bien pressé soudain.

Jacques, *en sortant* : - S'il n'en reste qu'un, vous avez raison, ce sera le meilleur d'entre nous ! Je lui dois quand même un peu d'attention...

Bernadette, soupçonneuse, cherche Bernard du regard.

Bernadette : - Georges, vous pouvez me certifier qu'il s'agit bien d'Antoine ?
Bernard : - Oh madame ! Je reconnaîtrais sa voix entre 10 000.
Bernadette : - Vous sauriez parfaitement la différencier avec celle d'une femme… Une femme en particulier…
Bernard : - Oh madame…
Bernadette : - Soit. J'apprendrai sûrement dans la journée qu'Antoine était en réunion à cet instant précis, et qu'il n'a pas parlé à monsieur le maire depuis hier soir… (*en regardant Bernard*) Vous seriez parfaitement d'accord avec moi, que dans ce cas, je ne pourrais naturellement plus continuer à vous accorder ma confiance.
Bernard : - Oh madame… Après tout ce que j'ai fait pour vous, après tant et tant de bons et loyaux services ! Être viré à cause d'un imitateur.
Bernadette : - S'il s'agissait d'un imitateur, monsieur le maire serait déjà de retour.
Bernard : - Vous n'avez pas regardé l'émission sur les imitateurs en Belgique. Si je me suis fait avoir par un imitateur, monsieur le maire peut aussi être piégé.
Bernadette : - Ne soyez pas insolent. Nous ne sommes pas en Belgique ! D'ailleurs je n'ai plus besoin de votre service. Paris en Belgique ! Vous reviendrez quand monsieur le maire aura terminé sa consultation téléphonique. Paris en Belgique, le fou !

Bernard, *pour le public, en sortant* : - Y'a des gens, c'est à vous dégoûter de leur rendre service.
Bernadette : - Toujours une bonne chose de faite !… Que va-t-il m'inventer cette fois-ci ?

Elle va chercher l'attaché-case qu'avait posé Bernard près de la porte d'entrée. Se rassied. L'ouvre.

Bernadette, *souriant* : - Ah ce grand Jacques !... (*grands yeux émerveillés*) Il n'a pas que des défauts... Au moins la petite ne manquera jamais du nécessaire.

Jacques rentre tout guilleret... Il jette un bref coup d'œil à l'aquarium et sourit.

Jacques : - Alors, ce noble breuvage adoré ? (*crie* :) Bernard !
Bernard, *en entrant* : - Monsieur.
Jacques : - Bin alors, mon ami, où étiez-vous passé ?... Y'a du relâchement dans le service !
Bernard : - Madame m'avait prié de patienter ailleurs.

Jacques observe Bernadette avec toujours la mallette sur elle.

Jacques : - Vous avez compté...
Bernadette : - Compté non... Mais c'est beau... Et tout est à nous ?
Jacques : - Pas un seul intermédiaire... Antoine seul a vu. Donc personne n'a vu !
Bernadette : - Antoine, toute l'honnêteté d'un grand commis de l'état... C'est un homme comme lui qu'il nous faudrait comme majordome...
Jacques : - Encore une bonne nouvelle, chère épouse... Nous allons gagner...
Bernadette : - Vous dîtes ?
Jacques : - Nous allons gagner... La popularité (*de l'index il tend une ligne droite partant du bas vers le plus haut qu'il puisse... se dresse même sur la pointe des pieds... et finalement monte sur une chaise... et manque de tomber... Bernard se précipite pour le soutenir*).
Jacques : - Ah Bernard, vous avez bien mérité votre Dom Pérignon.
Bernard, *voix basse* : - Et si vous pouviez en profiter pour

placer deux mots à madame, elle veut encore me virer, et cette fois elle semble obstinée.
Jacques : - Ne vous inquiétez pas cher ami, ce ne sont que des mots. Vous êtes de la maison.
Bernadette : - Je suppose que la deuxième partie de votre démonstration, c'est la popularité de votre ancien ami ?
Jacques : - Votre humour… Si la France pouvait en profiter aussi…
Bernadette, *semble ravie* : - Et quel miracle va opérer cette irrésistible ascension ?
Jacques : - Un livre.
Bernadette : - Vous avez lu les bonnes pages d'un livre à scandale sur le traître ?
Jacques : - Je vais écrire un livre.
Bernadette : - Et qui va vous l'écrire ?
Jacques : - Heu… Hé bien Antoine naturellement.
Bernadette : - Ne plaisantez pas, Jacques, vous ne préparez pas le concours d'entrée à l'ENA.
Jacques : - Antoine et quelques conseillers.
Bernadette : - Conseillers, vous écrivez cela è-r-e à la fin ?
Jacques : - Oh ! Madame !
Bernadette : - Et il racontera quoi ce livre ?
Jacques : - Vous en aurez la primeur… Comme vous devez réaliser votre pèlerinage annuel en Corrèze, nous avons pensé que la date est bien choisie pour une mise au vert, une petite quinzaine de travail, de brainstorming… Et à votre retour, vous lirez ça… Naturellement votre avis sera apprécié…

Bernadette semble soupçonneuse à partir de « mise au vert. »

Bernadette, *réfléchit* : - Je suppose qu'Antoine sera de votre mise au vert.

Jacques, *hésite* : - Naturellement.
Bernadette : - Et Jean-Pierre ?
Jacques : - Jean-Pierre ? Quelle idée !... J'ignore ce que vous lui trouvez !
Bernadette : - Il a parfois d'excellentissimes idées.
Jacques : - Il s'y connaît à virgule et publicité... Allons bon... Je vais rappeler Antoine pour lui demander de l'ajouter à la liste de consultants.

Il sort.
Bernadette s'empresse de prendre le téléphone sous son fauteuil et appuie sur une touche. Quasi immédiatement :

Bernadette : - Antoine, mon ami, monsieur le maire n'arrive pas à vous joindre depuis ce matin.

Bernadette sourit. Bernard est catastrophé.

Bernadette : - Il voulait savoir comment vous alliez depuis hier soir.

Bernadette continue à sourire.

Jacques, *rentre* : - C'est occupé.
Bernadette : - Je vous passe monsieur le maire, il vient justement d'arriver... Tenez mon ami, Antoine souhaite vous parler.
Jacques : - Vous avez appelé Antoine !
Bernadette : - Par erreur, monsieur le maire... Encore un aléa du progrès technologique... J'ai malencontreusement appuyé sur M3 au lieu de M6... Vous imaginez bien ma surprise d'entendre Antoine chez ma coiffeuse... Tenez, il va s'impatienter... Vous avez tant de choses à lui raconter.
(*Jacques a un regard « oh la garce ! »*)
Jacques, *parlant rapidement* : - Antoine, donc, pour cette

mise au vert, tu peux ajouter Jean-Pierre dans la liste des consultants. Je suis d'accord avec toi, il n'a jamais eu la moindre idée mais il peut être utile pour les participes passés, les subjonctifs et les accords. Enfin, s'il ne peut pas venir, ce ne sera pas grave ! L'important étant qu'il se sente de l'aventure, qu'il puisse ressasser « j'ai participé » et nous fasse une bonne publicité du livre dans sa province. Donc tu t'occupes de tout comme convenu, tu nous loues un gîte rural pas trop loin. *(Bernadette sourit)* Je suppose que tu as déjà travaillé aux grands chapitres, comme je le disais à Bernadette, je n'y aurais jamais pensé sans ton aide.

Jacques, *pour le public* : - Mais il ne comprend rien cet âne ! Il est même capable de réserver un gîte rural dès que j'aurais raccroché. Comment lui faire comprendre !

Jacques, *au téléphone* : - Oui, tu prévois déjà un plan marketing à la hauteur de l'événement... Je ne sais pas moi, quelles sont les meilleures émissions pour présenter un livre à la télévision...

Jacques, *soulagé, pour le public* : - Il a pigé.

Jacques, *au téléphone* : - Je te rappelle incessamment pour valider l'ensemble du planning... Oui oui... On a tout notre temps... Oui... *(Jacques sourit)*

Il s'apprête à raccrocher...

Bernadette : - Tu me le passes, s'il te plaît...

Jacques, *inquiet* : - Bernadette a encore trois mots à te dire... Ah, tu es pressé...

Bernadette, *tend le bras et subtilise l'appareil* : - Antoine, mon ami, excusez-moi trente secondes... *(elle pose la main sur l'appareil et sourit, Jacques est perplexe sur ses intentions)*

Jacques : - Servez-nous, Bernard.

Bernadette : - Antoine, nous avons pensé avec monsieur

le maire, pour accroître votre popularité auprès des petites gens, votre présence serait appréciée en Corrèze, à mes côtés. Vous y rencontriez la presse locale et le gratin du département...

Jacques, *au public* : - La garce ! Et petit Antoine va tomber dans le panneau. (*imite* :) « *mais c'est une merveilleuse idée, madame, je n'ai rien de prévu.* » Idiot, il a compris que l'histoire du gîte c'est du pipeau mais il n'est pas foutu de comprendre qu'à « *madame* » il doit répondre « *mais je serai avec monsieur le maire* »... Ou alors c'est sa manière à lui de me trahir, de jouer les idiots ?

Jacques prend la coupe que Bernard lui présentait depuis quelques instants. Et la vide cul sec.

Bernadette : - Vous êtes un véritable ami, Antoine. Monsieur le maire me l'a si souvent répété, vous nommer premier ministre serait le plus beau jour de sa vie.

Jacques se fait resservir une deuxième coupe, la vide cul sec. Puis une troisième (Bernadette l'observe et perd son sourire). Une quatrième.

Bernadette, *au public* : - Mon Dieu ! Oui, je lui ai montré que je ne suis pas dupe. Mais je ne peux même pas en triompher. Mon Dieu, il n'y a plus que ça qui le tienne debout. Qu'il y aille avec cette secrétaire, qu'elle lui offre le fruit de son noctambulisme, cette névrosée. Une fois qu'il ne lui fait d'enfant, l'honneur est préservé.

Bernadette : - Monsieur le maire vous rappellera. Bonne journée mon ami.

Bernadette raccroche.

Bernadette : - Georges, vous pourriez aussi m'offrir une coupe.

Bernard verse du champagne dans une coupe et la tend à Bernadette.

Jacques : - Allez, trinquons.
Bernadette : - Oui, trinquons à cette magnifique petite valise.

Ils trinquent (Bernadette sourit quand elle trinque avec Bernard).

Rideau

Acte 3

Quelques semaines plus tard. Scène identique à l'acte 1... Avec de nouveau une pelouse bien verte dans l'aquarium. Bernadette dans son fauteuil, le regard fixé sur une page du journal.

Bernadette : - Mon Dieu. Saint Antoine de Padou priez pour nous. Saint Eloi priez pour nous. Sainte Bernadette, priez pour moi. Mon Dieu, les courbes, les courbes s'inversent. Mon Dieu, plus aucun doute. Mon Dieu, vous m'avez entendue. Mon Dieu, elles vont bientôt se croiser. Oh mon Dieu ! Jamais plus je ne douterai de votre grandeur.

Jacques entre, euphorique.

Jacques : - Ah ! Vous avez déjà reçu le journal ! Vous avez vu ça !

Bernadette : - Mais comment savez-vous ?

Jacques : - La meilleure, j'ai gardé la meilleure pour le petit-déjeuner. Allez, je vous l'annonce avant : ils retournent leur veste, tous, ces messieurs des médias. Ha, ha ! Quelle belle leçon pour l'histoire ! Ils savent qu'avec moi, ils seront toujours bien logés, bien nourris et... *(il sourit, se retient d'en dire plus)*. Ils ont compris qui a le vent en poupe... waouh... *(tour complet sur lui-même... a du mal à se récupérer...)* Ah, il faudra que je fasse quelques exercices *(il sourit)*.

Admirative, Bernadette le fixe (sans comprendre le sous-entendu « quelques exercices .»)

Jacques : - Mais ne croyez pas ce journal, chère future première dame de France.

Bernadette : - Comment !

Jacques : - Ne croyez pas qu'il me devance encore de quatre points, le scélérat, le traître, l'innommable.
Bernadette, *souriante* : - C'est-à-dire, cher ami...
Jacques : - En fait, je ne suis plus qu'à un point et demi derrière le traître. Le demi ne compte même pas. C'est pour cela qu'ils retournent leur veste. Je leur ai dit « non, non, attendez. » Vous allez me demander, pourquoi ? Et je vais vous le dire.

Bernadette sourit, conquise.

Jacques : - Oh zut, je me mets à parler comme l'autre félon... Il peut préparer ses valises pour Budapest, celui-là ! Admirez notre raisonnement : il faut laisser le téléspectateur lambda penser « comme c'est injuste, le traître ne fait rien depuis deux ans, et reste quatre points devant. » Tout est affaire de timing dans ce genre de sport. Maintenant qu'il me voit derrière son dos, il s'affole, le vieux joufflu, l'innommable. Alors je vais rester derrière encore quelques jours et il va bien être forcé de jouer son va-tout.
Bernadette : - Et il va nous gratifier d'une rime pauvre du genre « *il fait chaud dans le métro.* »
Jacques : - Il va bien nous sortir un truc que ses conseillers lui auront conseillé, et il va se ramasser, on va la trouver, la faille de sa carapace, on va tirer à boulets rouges, la grosse artillerie est prête, je peux vous l'affirmer, il sera naze le jour J, alors grand Jacques, trois petites enjambées « beau temps monsieur le premier ministre, vous m'excusez, les choses sérieuses commencent, j'ai un rendez-vous historique à l'Élysée. »
Bernadette : - Oh Jacques ! Nous allons vraiment gagner ?
Jacques : - Elle avait raison la vieille voyante ivoirienne. Deux défaites, et victoire. Elle n'a pas précisé combien de

victoires. Je me verrais bien à l'Elysée deux septennats. Pourquoi pas trois. Et ça nous ferait quel âge, quatre ?

Bernadette : - Je prie chaque jour pour l'âme de cette brave femme. N'oubliez pas vos prières, Jacques.

Jacques hausse les épaules.

Bernadette : - Ne parjurez pas, Jacques. Reconnaissez l'intervention divine. C'est depuis que j'ai entamé ma neuvaine que les sondages frétillent.

Jacques : - C'est depuis… *(il se rend compte qu'il allait en dire trop ; crie :)* Jean-François !

Bernadette : - Appelez-le Georges comme l'autre.

Jacques : - Je le regrette, ce brave Bernard.

Bernadette : - Vous êtes bien le seul dans cette maison.

Entre Jean-François.

Jean-François : - Monsieur et madame ont sonné.

Jacques : - Mais oui, mais oui, service, mon ami, il fait soif.

Jean-François : - Bien monsieur le maire.

Jean-François sort.

Jacques : - Je lui trouve un petit air déplaisant, bourgeois parvenu, genre innommable dernier. Je crois que je vais rappeler Bernard.

Bernadette : - Ne revenons pas sur ce sujet, s'il vous plaît, cher ami. J'ai d'ailleurs appris qu'il s'était replacé. Chez une… secrétaire *(elle observe Jacques à la dérobée, il reste impassible)* dont on dit les pires choses. Une intrigante. Une courtisane. On dit même qu'elle travaillerait pour Matignon, qu'elle aurait pris ce Georges à son service pour essayer d'obtenir des confidences à notre sujet.

Jacques : - Bagatelles… Et de toute manière, le traître sait tout de nous, et nous sommes blancs comme neige…

Bernadette : - J'espère que vous ne la voyez pas.
Jacques : - Mais je n'ai aucune raison de voir Bernard tant qu'il n'est pas de retour dans cette maison. Son vote m'est acquis, je n'ai aucune crainte à son sujet.

Jean-François revient avec un plateau et une coupe.

Bernadette : - Nous reparlerons de tout cela après le second tour... Quel est votre programme aujourd'hui ?...
Jacques, *regardant sa montre* : - La petite n'est pas encore arrivée ?... Province, province, province... Nous allons rester trois jours sans nous voir, comme vous le savez, chère épouse.

Entre Claude, qui se précipite sur le plateau, subtilise la coupe.

Claude : - Papa, tu sais bien que ça t'est interdit ! Maman, alors, tu m'avais promis de le surveiller. Le futur président !
Bernadette, *fataliste* : - Si tu crois que ton père est homme qu'on tienne en laisse...
Jacques : - Ah non ! À jeun, c'est insupportable de sourire, serrer des mains. Non ma fille ! Si tu ne me laisses pas déjeuner en paix, je ne bouge pas de cette pièce !
Claude : - Je parie que non.

Elle sourit et vide sa coupe cul sec.

Bernadette : - Claudie ! (*Bisou de Claude à son père puis à sa mère*)
Claude : - Ah ! Comme c'est bon, *(en souriant :)* tu me donneras l'adresse de ton fournisseur.
Jacques : - Jean-François, alors !, allez donc me chercher une autre coupe.
Claude : - Ah non !

Jean-François s'arrête.

Jacques : - Mais au service de qui êtes-vous ?!

Jean-François : - Madame et Monsieur m'ont bien stipulé de toujours écouter mademoiselle.

Jacques : - Mais pas quand elle délire, jamais quand elle veut mettre à l'eau son vieux père.

Jean-François sort et rentre quasi immédiatement avec une coupe, la remplit. Jacques se précipite et la vide cul sec. Claude tend sa coupe à remplir.

Bernadette : - Ma fille, voyons, ça ne se fait pas.

Claude : - Oh maman, lâche-toi un peu de temps en temps. On voit que ce n'est pas toi qui vas te taper trois jours avec des types qui azotent sous les bras, d'autres qui postillonnent, et des vieilles qui vous collent leur rouge à lèvres sur la joue. Le tout dans la même minute !

Bernadette : - La rançon de la gloire, ma fille ! M'as-tu déjà entendue tenir pareil langage ? Je suis moi-même élue du peuple, l'oublierais-tu ?

Claude : - Il va falloir te relooker maman. Sinon on va te comparer à la reine d'Angleterre et ça va nous faire perdre une partie de l'électorat populaire qu'on a eu tant de mal à rallier à notre cause (*elle vide sa coupe*).

Bernadette : - Vous me faites peur !... Parfois je dois me pincer quand je vous entends. Si je ne vous connaissais pas je vous croirais.

Claude : - Hé bien, tu vois, c'est l'essentiel.

Bernadette : - Mais ne vous coupez pas de notre électorat traditionnel.

Claude : - Mais ils sont comme toi, maman, ils nous connaissent !

Jacques, *qui se fait resservir une coupe* : - Le premier tour à gauche, le second au centre, ça c'est de la politique... Je suis certain que le vieux m'admire. Lui aussi, il a ratissé à gauche.

Bernadette : - Ho lui ! Mais lui est (*avec dégoût*) so-ci-a-lis-te.
Jacques : - Pas plus que moi ! Lui et moi, nous sommes de la même trempe. C'est d'hommes comme nous qu'elle a besoin, la France ! La France sera éternelle tant qu'elle trouvera des leaders naturels de notre trempe. Je suis son fils spirituel ! Il va voter pour moi, il me l'a promis. Et sa fille aussi !
Bernadette : - Sa fille, mon Dieu. Pauvre fille. Un enfant du péché (*elle joint les mains*).
Claude, *en se faisant resservir* : - J'espère que cette fois vous n'avez pas oublié de remplir les valises.
Jean-François : - J'ai scrupuleusement suivi les instructions de mademoiselle.
Jacques, *regarde sa montre* : - Bon, je vais me changer…

Il tend sa coupe en passant, Jean-François la remplit, il la vide en sortant.

Jacques, *de derrière la porte, crie* : - Ouvrez-en une autre… Nous la viderons dans la voiture…
Claude : - Si tu en as le temps.

Claude prend la bouteille des mains de Jean-François et finit le Dom Pérignon au goulot.

Bernadette, *s'exclame* : - Ma fille !
Claude : - Ah ! C'est moins bon. Mais y'a tout le plaisir de la transgression.
Bernadette, *répète doucement, abattue* : - Le plaisir de la transgression. Ma fille, ma Claudie, je ne te reconnais plus depuis que tu es chargée de campagne.
Claude : - On va baratiner durant trois jours sur la justice sociale, la France des travailleurs, la France qui souffre, fracture sociale, augmentation du smic, injustices, liberté, égalité, droits de l'homme, il faut bien vider les bonnes

bouteilles loin des journalistes. Chargée de campagne... Chargée de champagne... Chargée de campagne... Tu ne vas quand même pas me le reprocher... Ils n'étaient pas nombreux à vouloir du poste voici quelques semaines...
Bernadette : - Jean-Pierre aurait rempli dignement cette mission.
Claude : - Il nous aurait concocté un super planning digne d'un conseiller général, visite des clubs du troisième âge avec petite causette au club de pétanque. On serait à 5% dans les sondages ! Je te l'ai expliqué : nous n'avons rien à perdre. Alors on rentre dedans. On n'a pas de temps à perdre avec la finesse. Certains, il leur faut des amphétamines pour un tel marathon, nous on carbure au Dom Pérignon, c'est quand même pas plus mal. Tu crois pas qu'on a raison ? On consomme français !
Bernadette : - Quelques émissions de télévision, la presse, pour une élection présidentielle, ça devrait être suffisant... À notre âge... Les gens connaissent Jacques !
Claude : - Mais non maman, le Jacques nouveau est arrivé ! Et même l'innommable va mouiller sa chemise. Enfin, il va essayer pour éviter d'apparaître trop ringard. Tu le vois prendre des amphétamines ou du Dom Pérignon ? Même du saumon, il ne touche que trois fourchettes. Hé bien ça, ça plaît pas aux marins qu'on renâcle sur leur saumon. Je croyais que tu connaissais la France profonde...
Bernadette : - La France change ma fille... La France profonde, elle ne change pas, et méfions-nous de sa colère. Ne perdons pas nos valeurs. Nous ne savons pas ce que donnerait un vote de contestation à la décadence. Enfin, tout fout le camp...
Claude : - Mais non maman ! Toutes les professions aiment qu'on leur fasse croire qu'on s'intéresse à elles. Dans ces cas-là, tu sais comment on fait ?

Bernadette : - Que de sacrifices. Ne m'en dis pas plus ma fille, s'il te plaît, rien que le mot saumon, mon café me remonte.
Claude : - Hé bien si, maman, il faut que tu sois de notre côté, merde. Il faut que tu nous soutiennes !
Bernadette : - Mais que se passe-t-il ma fille ? Je suis de tout cœur avec vous.
Claude : - Sois moins coincée. Hé bien oui, on se met deux doigts dans la gorge et retour à l'envoyeur.

Bernadette a un haut le cœur. Se cache le visage de la main droite et de l'autre se retient de vomir.

Bernadette, *en se redressant* : - Et cette Christine vous accompagne ?
Claude : - Si tu crois que je connais le prénom de tous les gens qu'on doit voir aujourd'hui.
Bernadette : - Ma fille... J'ai la force d'entendre la vérité... Il faut que tu me dises... Je veux bien être tolérante, comprendre certaines choses que je ne comprends pas...
Claude, *prend le journal* : - Mais regarde les courbes plutôt que de te faire du mal avec des suppositions. Profite plutôt de l'irrésistible glissade de l'innommable.
Bernadette : - Je sais... Et depuis, plus personne ne me dit rien. Avant, tout. Je savais tout dans la demi-heure. Et maintenant on dirait qu'ils ont retrouvé leur guide, leur messie.

Jacques entre en costume, avec sa coupe.

Jacques : - Quand on parle du messie... On voit sa...
Bernadette, *pour couvrir la fin de sa phrase* : - Votre voiture semble arrivée.
Claude : - Maman, un jour il va te falloir lâcher-prise.

Jacques : - Je téléphone à mon brave maître zen pour qu'il passe te conseiller dans la journée. Soyez zen, chère épouse, laissez le vent nous porter ! L'air est frais mais la journée sera belle !

Jacques prend la nouvelle bouteille (précédemment ouverte par Jean-François) sur la table et se sert une coupe, la vide cul sec. Une autre coupe.

Claude : - Hé camarade !, sois un peu socialiste partageur...

Jacques prend sa fille dans les bras.

Jacques : - Ça fait du bien de se sentir soutenu, compris. C'est pas parce qu'on s'amuse qu'il faut se croire au théâtre ! C'est quand même la France qui est en jeu !

Claude : - On ne peut pas laisser la France sombrer dans la léthargie ! Il faut lui ouvrir les yeux ! Allez, elle nous attend.

Bernadette tressaille en regardant sa fille.

Bernadette, *murmure, blessée* : - Elle...

Claude, *quittant les bras de son père* : - La voiture... Maman, je crois que tu as vraiment besoin d'un peu de zen ou du Dom Pérignon. Et même des deux (*Claude prend la bouteille de Dom Pérignon*).

Claude embrasse sa mère. Jacques s'était déjà éloigné vers la porte, il se retourne et envoie un baiser en titubant. Sa fille le rattrape en souriant.

Ils sortent bras dessus bras dessous, sans écouter si Bernadette répond.

Bernadette : - Zen ou Dom Pérignon, quel choix !

Bernadette pose les mains sur les accoudoirs, la tête en arrière.

Bernadette : - Qu'est-ce que j'en aurais bavé... Mais si on gagne !... Ah ! Je pourrai dire que le jeu en valait la chandelle. (*elle joint les mains*) Que d'épreuves, mon Dieu, vous m'infligez pour mesurer ma foi, avant la grande récompense. (*silence*)

Bernadette, *se redresse et crie* : - Georges !

Jean-François entre.

Jean-François : - Madame m'a appelé.
Bernadette : - Une coupe.
Jean-François : - Je suis désolé, monsieur a emporté la bouteille et celle-ci est vide.
Bernadette : - Vous plaisantez, Georges ?
Jean-François : - Pas du tout madame *(il retourne la bouteille).*
Bernadette : - Mais ouvrez une autre bouteille !
Jean-François, *l'air de désapprouver* : - Bien madame.

Il sort.

Bernadette, *avec une pointe de fatalisme* : - Il me ferait presque regretter l'autre, ce « boy »... (*silence*) Je viderai le reste dans son nouveau gazon... Qu'au moins il soit prudent, ne lui fasse pas d'enfant ! Sinon tout s'effondre !

Jean-François revient avec, sur un plateau, une coupe, une bouteille, l'ouvre et sert.

Bernadette : - Je n'ai plus besoin de vous.

Jean-François se retourne pour sortir.

Bernadette : - Laissez la bouteille.

Jean-François, *l'air de désapprouver* : - Bien madame.

Jean-François sort.

Bernadette : - Et si je prenais la première cuite de ma vie ?... (*elle boit la moitié de sa coupe*)... Raté !... Je ne comprends pas comment la petite peut vider ça d'un seul trait... Allez, je leur pardonne si c'est pour la victoire (*elle vide sa coupe*). Ah ! C'est trop, une coupe, sans même un petit biscuit. (*elle regarde la bouteille et sourit... elle prend la bouteille et boit au goulot... elle repose la bouteille, sourit et toussote...*) Ah ! Si père et mère voyaient ça !... (*en riant*) Je lâche-prise... Transgression ! Et si j'écrivais un bouquin moi aussi ! Et si je me faisais inviter à la télévision ? (*elle attrape le hoquet...*). Et si je changeais de coiffeuse ?

Rideau - Fin

Vous souhaitez jouer cette pièce un peu politique ?

Contactez Ternoise sur :

http://www.theatre.st

ou

http://www.ternoise.fr

Deux visages

ic # Stéphane Ternoise

Avant les élections présidentielles

Version 2

Comédie politique contemporaine en trois actes

Trois femmes, deux hommes

Jacques : la soixantaine, maire d'une très grande ville, peut-être même la capitale du pays ; il souhaite obstinément devenir président de la République.
Bernadette : la soixantaine, très vieille France, son épouse.
Claude : leur fille, vingt-cinq ans.
Bernard : majordome... appelé Georges par Bernadette.
Pascaline, succède à Bernard au poste de majordome... appelée George (avec l'accent anglais très ridicule) par Bernadette.

Par « mesure de commodité », nous attribuons aux personnages des prénoms couramment usités dans les hautes sphères, en France, à la fin du deuxième millénaire (toute ressemblance avec des personnalités... imaginez la suite !). Osons même une date naturellement purement indicative : 1994.

Acte 1

Le salon bourgeois, vaste, kitsch, dans les appartements privés de monsieur le maire.

Jacques, en peignoir, de dos, arrose une herbe bien verte dans un aquarium, avec une bouteille de champagne.
Entre Bernadette, allure se voulant très distinguée, tenue mondaine.

Bernadette : - Jacques, mon ami, voyons.
Jacques, *bien éméché, se retournant* : - Ah ! Vous, très chère épouse, *(en souriant :)* déjà ! Quelle agréable surprise.
Bernadette : - Jacques, du Dom Pérignon !
Jacques : - C'est pour la pelouse.
Bernadette : - Jacques, voyons, pas avec du Dom Pérignon.
Jacques : - Puisque vous n'en prenez pas, pourquoi ne pas en faire profiter cette magnifique pelouse.
Bernadette : - Vous m'expliquerez, un jour, pourquoi vous accordez une telle attention à ces quelques brindilles.
Jacques : - Mais je vous l'ai déjà confié, très chère et bonne épouse, ce gazon, ce sont mes sondages à moi. Il est vert, donc tout va bien, les sondages vont suivre ! Les français reverdissent quand on les arrose.
Bernadette : - Jacques, arrêtez de vous torturer, c'est fini. C'est fini, Jacques, nos rêves.

Jacques se retourne vers l'herbe et verse le reste de la bouteille de champagne.

Bernadette : - Mais ne gâchez pas ainsi le Dom Pérignon !
Jacques : - C'est la troisième bouteille, et à dix heures, réunion.

Bernadette : - Jacques, la cassette de la mairie n'est pas extensible à l'infini. Il serait préférable d'éviter d'ouvrir chaque matin une troisième bouteille de Dom Pérignon. Même une deuxième.

Jacques : - Et mes plantations ? Je vous rappelle avoir déjà arrêté la cigarette !

Bernadette, *didactique* : - Le temps des économies est venu Jacques, vous le savez bien. Remplacer trois paquets de cigarettes par trois bouteilles de Dom Pérignon, Jacques, vous exagérez.

Jacques se retourne et mouline des bras (avec sa bouteille de Dom Pérignon dans la main droite).

Bernadette : - Envoyez plutôt une caisse chaque semaine dans notre grotte ! Il est temps de prévoir toutes les hypothèses.

Jacques : - Vous me voyez vivre comme un fuyard !

Bernadette : - La France est tellement surprenante… Et souvenez-vous, Jacques, le matin où vous m'aviez murmuré en souriant (*elle sourit à cette évocation*).

Jacques de nouveau mouline des bras.

Bernadette : - Vous m'aviez murmuré en souriant, comme vous murmuriez alors parfois : si nous passons une bouteille de Dom Pérignon en note de frais chaque matin, je serai le plus heureux des hommes.

Jacques, *se retourne* : - Chère épouse, j'étais jeune, vous étiez jeune, nous étions jeunes, je ne me rendais pas compte combien les administrés, nos chers concitoyens, contemporains, contribuables et même concessionnaires, combien ils peuvent être couillons, combien le budget municipal permet amplement plus… D'ailleurs il va falloir se servir un bon coup… Tout peut arriver dans ce pays !… Nous sommes d'accord sur ce sujet. C'est pas un carton

que je vais envoyer mais un fourgon !... Après les socialistes, pourquoi pas la réincarnation d'un Bourbon ! Après tout, cette ville me doit tout ! Et je vais me faire construire un abri anti atomique !
Bernadette : - Pas en Corrèze quand même ! De tels travaux manqueraient de discrétion.
Jacques : - On leur dira que monsieur le maire pratique des fouilles archéologiques, recherche le patrimoine romain, une trace de Sénèque, et les rumeurs feront pschiiit...
Bernadette : - Ne confondez pas tout, Jacques ! Revoyez vos fiches, Sénèque n'est pas un nom romain.
Jacques : - Détrompez-vous madame. Sénèque fut le précepteur de Néron (*on sent qu'il récite*), ce même Néron lui ordonna en l'an 65 de se suicider et, stoïque, Sénèque se poignarda. En ce temps-là, on respectait les chefs !
Bernadette, *sans transition* : - Georges nous vole, j'en suis certaine.
Jacques : - Chère épouse, arrêtez de l'appeler Georges, il va finir par nous quitter, lui aussi !
Bernadette : - N'allez pas dire que vous vous souciez du visage de ces gens.
Jacques : - Mais Georges, qui accepterait qu'on l'appelle Georges !
Bernadette : - Vous le savez bien, cher Jacques, chez père ils s'appelaient tous Georges, les... boys.

Jacques sourit à ce « boys. »

Jacques : - Je n'ai jamais eu à me plaindre de lui ! L'homme le plus discret que je connaisse.
Bernadette : - Georges nous vole. Je prends 4000 francs chaque matin, j'en mets deux au coffre et il ne nous ramène que de la menue monnaie. 2000 francs de dépenses, à qui le ferait-on croire !

Jacques durant cette explication gonfle les joues d'un air « elle me barbe. »

Jacques : - Vous n'allez quand même pas me reprocher ce plaisir, le Dom Pérignon et les pommes sont des bienfaits de la nature comme jacasse votre ami l'écolo. Je ne vais quand même pas prendre de la bière au petit-déjeuner ! Du lait au chocolat tant que vous y êtes ! Ou du thé comme ce traître de… De qui vous savez !

Bernadette : - Vous savez bien que le Dom Pérignon n'entre pas dans ses attributions, qu'il passe au budget réceptions de la mairie… Vous voyez Georges sortir chaque matin de chez Fochon avec trois bouteilles de Dom Pérignon… Quelle discrétion !

Jacques : - Vos rimes sont vraiment délicieuses, très chère épouse, vous devriez publier un recueil de poésie.

Bernadette rougit, prend au sérieux cette « boutade. »

Bernadette : - Ah ! Jacques, ça fait si longtemps que vous ne m'aviez murmuré un tel compliment… ça fait du bien… Mais Georges nous vole.

Jacques : - Oh madame ! Ne recommencez pas ! Il faut bien accepter quelques pertes ! On ne va quand même pas lui demander de ramener des tickets de caisse alors qu'Antoine fait preuve d'une inspiration débordante pour nous sortir chaque semaine des fausses factures ! Tout le monde nous vole. Tout le monde vole dans ce pays. Vol et magouilles sont les trois mamelles de ce pays ! C'est le drame des valises. Y'a toujours quelqu'un pour les ouvrir au passage et prendre sa petite commission. Tu crois peut-être que Charles est un ange ? Alors pour quelques pièces, vous n'allez pas me les…

Bernadette, *couvre sa voix* : - Jacques, utilisez des images convenables !…

Jacques : - Vous n'allez quand même pas vous mettre à compter les pièces jaunes.

Bernadette, *excédée par cette remarque, lâche* : - Ce n'est pas la boîte qu'il vous remet chaque matin qui fait le compte.

Jacques, secoué, assommé, se retourne vers sa pelouse et verse... Mais sa bouteille est vide. Il la pose finalement par terre.

Bernadette : - Je suis une vieille femme qui souffre, Jacques ! Vous me croyez la plus résistante, inoxydable... Mais votre conduite... Je me sens trahie... Il devient nécessaire d'aborder ce sujet.

Jacques, *en se retournant, très cassant* : - Mais vous espionnez monsieur le maire, madame, et vos conclusions, je suis au regret de vous le déclarer, sont fausses. Sachez, chère épouse, que monsieur le maire a des obligations professionnelles !

Bernadette : - Un jour il vous faudra choisir entre elle et moi.

Jacques, *en souriant* : - À notre âge, chère épouse, vous n'allez quand même prêter oreille à des... rumeurs.

Bernadette : - Pas ce mot dans votre bouche, Jacques. Vous savez combien un tel mot, avec tout ce qu'il implique, peut me faire souffrir quand il sort de votre bouche. Que Georges nous vole, certes, je suis habituée, tous les Georges sont des voleurs.

Jacques : - Chère épouse, comme en politique, méfiez-vous des généralisations. Tous les italiens sont. Tous les espagnols sont. Tous les corses sont. La France est une et indivisible. Et notre majordome ne s'appelle pas Georges.

Bernadette : - Majordome, majordome... Ni major ni homme (*très satisfaite*). Et qu'en plus, il vous remette chaque matin votre boîte de 24 derrière mon dos, ce n'est

pas convenable... Mais Jacques, qu'en faites-vous, 24, vous n'êtes quand même pas spiderman.
Jacques : - Mais c'est une fixation madame, mais vous devez psycho-frigide... Psycho-rigide ! Vous connaissez mes obligations et ma générosité. Peut-être qu'un matin vous avez vu Bernard me remettre une boîte de préservatifs, appelez les choses par leur nom.
Bernadette a une grimace de dégoût.
Jacques, *très maire en discours* : - Mais sachez, madame la première dame de cette honorable et millénaire cité, qu'offrir des condoms à un client, c'est aujourd'hui un cadeau très apprécié.
Bernadette, *durant sa respiration* : - N'exagérez pas, monsieur le maire.
Jacques, *comme s'il n'y avait pas eu d'interruption* : - Le responsable invité comprend que monsieur le maire est favorable à une collaboration, qu'il peut tutoyer les secrétaires, qu'il lui suffit de prendre rendez-vous avec Antoine pour les modalités pratiques, surfacturations, commissions, diamants, (*souriant* :) non, jamais de diamants ! Tout le monde sait que ce ne serait pas... Comment dites-vous ?... Oui convenable ! Votre harcèlement moral me fait fourcher la langue, madame ! Même ici, un jour il me faudra un prompteur !
Bernadette : - Soyez raisonnable, Jacques. Vous n'allez quand même pas me faire croire que ces choses ne sont pas pour votre consommation personnelle.
Jacques : - Pour votre information... Ces choses... Ne se mangent pas !
Jacques s'avance, il titube.
Bernadette : - Jacques, mais vous êtes saoul, mon ami.
Jacques, *sourit* : - Une douche, et hop !

Bernadette : - Et hop, prenez garde. N'oubliez pas vos...
Vos... Machins. J'ai hier soir pris à part notre ami l'éminent scientifique et il m'a affirmé, juré, que l'âge ne protège pas de la terrible maladie.
Jacques : - Qu'imaginez-vous, chère épouse, et hop, c'est le contrat sera signé ce matin ; et ce soir vous verrez la valise, et on fête ça (*un pas de danse*).
Bernadette : - On... Vous voulez dire, vous et... Et ces secrétaires.
Jacques : - Chère épouse, pas d'insulte, secrétaires, oh !, je ne suis pas un vulgaire patron d'industrie en goguette.
Bernadette, *de haut* : - Vous savez bien que secrétaire est une rime de roturière.
Jacques, *qui regarde sa montre* : - Bon, bon, je vous souhaite une agréable journée, chère épouse. Et saluez bien ces dames de vos œuvres. Embrassez tendrement la gamine... Il va falloir qu'elle se lève à une heure... Oui convenable... Si elle veut me suivre sur les routes sinueuses...

Il sort en envoyant un baiser très théâtral.

Scène 2

Bernadette s'affaisse dans le canapé.

Bernadette, *murmure* : - Il me trompe, il m'a toujours trompé, il me trompera toujours, et en plus, il ne sera jamais président de la République. Je ne serai jamais madame la première dame de France (*elle se prend la tête dans les mains puis se redresse*). Quel échec ! Je n'aurais quand même pas pu épouser un socialiste. Quelle horreur, moi, maquillée en socialiste ! Non, je n'aurais jamais tenu... Edouard, Edouard, Edouard... Oui, bien sûr... Mais qui aurait pu croire. Edouard, croire. Y croire avec Edouard. Quel beau slogan je lui aurais écrit. Jacques... Jacques tête à claques. Prendre une claque avec Jacques. (*silence*) J'aurais dû m'en douter ! Que peut-on espérer quand on s'appelle Jacques ? Tous les Jacques sont des (*elle cherche une rime...*) C'est plus facile de rimer « si elle veut me suivre sur les routes »... Pauvre enfant !... Avec son père en déroute... (*elle sourit*) Mais c'est un alexandrin ! (*elle compte sur ses doigts... elle compte deux fois jusqu'à dix et s'exclame, ravie :*) Un double alexandrin ! Une alexandrine !

Elle prend un journal, l'ouvre, feuillette. Se prend la tête dans les mains.

Bernadette : - 62% d'opinions favorables ! Le scélérat ! L'usurpateur ! Le manipulateur ! Le menteur ! Le traître ! Le copieur ! Le voleur ! L'hypnotiseur !

Elle se cache le visage avec le journal.

Bernadette, *murmure* : - Il me trompe. Il me trompe. Mais bon, plutôt ça que le suicide ! Il ne s'en remettra jamais, mon Jacques. « Bonsoir, monsieur le maire », je le hais, cet Edouard. Edouard cafard. Et si on imprimait des autocollants "Edouard Cafard". Tous les enfants répéteraient Edouard cafard, Canal lui adjoint ce répugnant animal sur l'épaule... il chute dans les sondages... Mais non, ça ne servirait à rien, le pays ne croit plus en Jacques... Jacques ne croit plus en lui... Je ne crois plus en Jacques... Jacques ne m'a jamais écouté... Tout le monde nous a lâchés, même ce scélérat de petit Nicolas... Même Charles... Non, je n'irai pas aux œuvres... Bernadette est fatiguée... (*Bernadette se redresse et crie*) Georges !

Entre Bernard

Bernard : - Madame m'a demandé.
Bernadette : - Dom Pérignon.
Bernard : - Bien madame.

Bernard va vers la pelouse et ramasse la bouteille.

Bernadette : - Non Georges, servez. Servez-moi une bouteille de Dom Pérignon.
Bernard : - Oh madame !... Excusez-moi, madame... C'est sorti tout seul.
Bernadette : - Je sais Georges, vous prenez à mon égard de grandes libertés, libéralités (*sic*) même.
Bernard : - Madame.
Bernadette : - Veuillez me servir avant que j'achève mes récriminations. Sur votre exclamation, je n'y reviendrai plus, la considérant comme une référence à ma légendaire sobriété.
Bernard : - C'est exactement cela, madame.
Bernadette : - Madame attend.

Bernard sort et revient presque immédiatement avec une bouteille et une coupe sur un plateau. En silence, il ouvre la bouteille, verse une coupe et sert.

Bernadette, *avant de boire* : - J'ai d'ailleurs évoqué ce matin avec monsieur le maire la boîte que chaque matin vous lui remettez.

Bernard gêné. Bernadette boit une gorgée (ne peut retenir une grimace).

Bernadette : - Il faudrait couper cela avec un peu d'eau... Ou de la crème de cassis comme faisait mère (*elle se signe*).
Bernadette, *à Bernard* : - Vous ne niez pas, j'espère.
Bernard : - Je suis au service de monsieur le maire et de son épouse.
Bernadette : - Mais sachez, Georges, que monsieur le maire n'hésiterait pas si je lui demandais de choisir entre moi et vous.
Bernard : - Oh madame ! Je vous jure, monsieur le maire est pour moi comme le grand frère que j'aurais tant voulu avoir !
Bernadette : - Ne faites pas votre Antoine !
Bernard : - Je vous le jure madame, il ne s'est jamais rien passé entre monsieur le maire et moi, je suis 100% hétérosexuel et je n'ai aucun doute sur monsieur le maire de même.
Bernadette : - Quels termes de barbare osez-vous prononcer devant moi. Mais vous avez bu, Georges !
Bernard : - Oh non madame, jamais durant le service, madame (*comme malgré lui, Bernard jette un œil sur la pelouse*).
Bernadette, *sourit* : - Je crois, Georges... Malgré votre caractère, disons par euphonisme (*sic*) détestable, nous pouvons nous entendre.
Bernard : - Madame.
Bernadette : - Au moins sur un point.

Bernard : - Je suis au service de madame.

Bernadette : - Depuis que monsieur le maire s'obstine à utiliser le reste du Dom Pérignon comme engrais, il vous prive ainsi de ce noble breuvage.

Bernard : - Oh madame.

Bernadette : - Ne niez pas. Si vous commencez à me contredire, nous ne nous entendrons jamais.

Bernard acquiesce de la tête.

Bernadette : - Donc, vous avez une raison de maudire ce gazon... Et vous n'êtes pas sans ignorer le motif de ma profonde absence de sympathie pour ces brindilles.

Bernard fait mine de ne pas comprendre.
Bernadette boit une nouvelle gorgée. Elle toussote.

Bernadette : - Quinze jours qu'il a tourné autour de cette... cette secrétaire, avant ce voyage d'affaires au Moyen-Orient. Ah il est revenu guilleret ! Vous voyez, j'ai mes informateurs. Même à Djibouti ! (*plus haut* :) Je sais tout.

Bernard pousse un « oh » très caricatural et de manière très caricaturale se cache les yeux.

Bernadette : - Vous auriez pu faire acteur !

Bernard, *sourit* : - Trois ans de conservatoire. Mais je n'avais pas le physique. J'ai bien joué quelques petits rôles. Mais toujours on me disait, vous n'avez pas le physique. J'y ai pourtant cru, quand j'ai joué avec Louis De Funès. Malheureusement la scène a été coupée au montage. Aujourd'hui je serais Delon, Belmondo, ou même Depardieu.

Bernadette : - Bref. Je vous fais remarquer que vous n'êtes pas chez le coiffeur !

Bernard, *la fixe :* - Madame, je vous avoue ne pas comprendre.

Bernadette : - Vous être vraiment fermé à la poésie... Bref... Conservez pour votre coiffeur la nostalgie de vos tentatives artistiques.
Bernard : - C'est ma femme qui me coupe les cheveux. Avec les enfants qui grandissent, nous n'avons pas beaucoup d'argent, alors nous économisons ; sans être radins, nous...
Bernadette *le coupe :* - Je veux bien être patiente mais nous ne nous en sortirons jamais si vous continuez à vous répandre en incohérences. Bref, nous avons chacun notre raison de maudire ce gazon. Donc, croyez bien que je ne verrais aucun inconvénient à une subite maladie fatale de ce gazon.
Bernard, *comprend soudain* : - Du Roundup ?
Bernadette : - Je vous rappelle que suis une femme, j'ignore donc les termes techniques du jardinage. Mais vous m'avez compris.
Bernard : - Monsieur le maire va avoir du chagrin.
Bernadette : - Ne vous inquiétez pas, ce genre de chagrin ne dure jamais bien longtemps. Elle reviendra d'Espagne qu'il ne se souviendra même plus de son prénom. Vous voyez, je connais même son emploi du temps, à cette raison, cette Christine. Je sais même son nom, son âge, la fortune de son père, tout quoi ! Qu'elle ne se fasse aucune illusion : elle ne fera pas exposition... (*qui s'aperçoit, face au regard de Bernard, de son erreur*) Ni exception.
Bernard : - Mais si monsieur le maire a des soupçons.
Bernadette : - Ne vous inquiétez pas, je saurai le culpabiliser sur l'utilisation du Dom Pérignon.
Bernard : - Mais le Roundup coûte cher.
Bernadette : - Georges, n'exagérez pas, je ne surveille pas vos dépenses, il doit bien vous rester quelques billets. Puisque vous me rendez uniquement des pièces jaunes.
Bernard : - Oh madame.

Bernadette : - Convenons que le « Roundup » va clôturer, ou clore si vous préférez, ce chapitre de la monnaie. Appréciez, si vous le pouvez, ce clôturer pour un produit utilisé dans les jardins.
Bernard : - Mais demain est un jour de réception. Et pour acheter du Roundup, il me faut me rendre dans une jardinerie où personne ne me connaît. Et si vous me remettiez immédiatement la somme, je pourrais y passer dans la matinée... Et j'aurais moins d'état d'âme à faire ainsi de la peine à monsieur.
Bernadette : - Soit ! Pour que disparaisse ce gazon, je donnerais bien...
> *Elle sort de sa poche une liasse de billets.*

Bernadette : - Il faut combien.
Bernard : - Euh... Tous frais compris...
Bernadette : - Comment ?... Tous frais compris ?!
Bernard : - Il faudra sûrement acheter un diluant car je suppose que vous souhaitez une action rapide, sinon le produit met des mois avant d'agir, et aussi des gants spéciaux, car ce produit est dangereux, des gants *ignignufugés* (*il cherche d'autres frais*)... Des lunettes de protection, un réservoir pour jeter le produit inutilisé, une pipette pour le transvaser, un désodorisant, car toute odeur pourrait inciter monsieur le maire à réclamer une... Une autopsie, une clé de 17 pour régler la pression, une meuleuse...
Bernadette : - Les détails m'importent peu. C'est comme en politique, on ne retient que le résultat. Combien donc ?
Bernard : - Au minimum six... Pour ne pas risquer que je revienne les mains vides, sept serait plus sûr. Quant au supplément, je le considérerai comme... Un signe d'estime.
Bernadette : - D'estime, n'exagérez pas.

Bernard : - Le mot m'a échappé. Que madame m'excuse.
Bernadette lui donne six billets. Bernard attendant toujours, elle lui en donne finalement un septième. Il sort. Elle s'aère avec la liasse de billets. Sourit. La remet dans sa poche et reprend sa coupe. Claude entre alors qu'elle la porte à ses lèvres.

Claude : - Alors maman, père t'a convertie au noble breuvage !

Bernadette, *d'abord troublée, puis reprenant sa posture* :
- Ma fille... Sache qu'il est important, en société, de pouvoir commenter. Je reniflais donc les arômes.

Claude fait un bisou à sa mère.

Claude : - Que se passe-t-il ? Papa a été appelé en urgence ?

Bernadette : - Nullement, ma chère fille. Que te fait-il penser ainsi ?

Claude : - Partir avec une bouteille où il ne manque qu'une coupe, ça ne lui ressemble guère.

Bernadette : - Sache que notre cher et fidèle ami Jean-Pierre doit passer. Et je compte le recevoir dignement.

Claude : - Un conseiller général !

Bernadette : - Président du conseil régional. Et sénateur. Sa positive attitude mériterait une plus vaste couverture. Son humour est unique : « *la route est droite mais la pente est raide* », il a conclu ce matin.

Claude : - Une lapalissade de bachelier !

Bernadette : - Ma fille... Nous ne savons pas ce que Dieu nous infligera comme épreuve, nous ne savons pas de quoi demain sera fait. Il nous faudra peut-être nous retrancher dans une région sauvage.

Claude : - N'exagère pas, maman ! Dans tous les cas, nous aurons largement les moyens de vivre de nos rentes ici !

Bernadette : - Ma fille... Un souverain ne peut redevenir un simple citoyen. C'est le pouvoir ou l'exil !
Claude : - Mais je ne suis pas la fille de Napoléon !
Bernadette : - Ta remarque est déplacée.
Claude : - Bernard !

Entre Bernard avec une veste et une écharpe lui couvrant une partie du visage.

Claude, *éclate de rire* : - Maman t'a donné ta journée pour aller au bal masqué !
Bernard : - Mademoiselle m'a demandé ?
Claude : - Une coupe, chevalier masqué ! Pour une fois que je peux boire un peu !
Bernard : - Bien mademoiselle.
Claude : - Je crois que toi, tu me caches quelque chose (*à sa mère* :) naturellement, je ne te demande pas quoi... j'ai retenu tes leçons sur la discrétion.

Bernard sort et revient quasi immédiatement avec une coupe. Il sert Claude.

Bernard, *à Bernadette* : - Je peux disposer ou dois-je rester pour assurer le service ?
Bernadette : - Nous saurons nous débrouiller sans vous. Allez où le devoir vous appelle.

Bernard sort discrètement.

Bernadette : - Ma fille... Je t'ai déjà dit de ne pas tutoyer les employés.
Claude : - Il me prenait sur ses genoux quand j'avais 10 ans !
Bernadette : - J'ai cru remarquer que tu n'avais plus le même âge ! Ce n'est pas parce que tout fout le camp qu'il faut oublier notre rang... D'ailleurs ton père souhaiterait

que tu sois un peu plus matinale... Puisque tu vas bientôt visiter la France profonde...

Claude vide sa coupe et s'en ressert une.

Bernadette : - Ta grand-mère ne m'aurait jamais toléré un tel comportement.

Claude : - Mais le monde a changé maman ! Plus personne ne va acheter ses chaussettes rouges en Italie !

Bernadette : - Peut-être est-ce justement dans les apparences que nous avons failli. Le peuple a besoin d'être ébloui par notre grandeur.

Rideau

Acte 2

Le lendemain matin. Même décor... excepté le gazon « grillé. » Bernadette radieuse, installée dans son « fauteuil directeur », une revue en main... Elle ne lit pas, elle attend avec impatience.
On entend Jacques chantonner « on a gagné. » Il entre euphorique. Bernadette se plonge dans une fausse lecture. À peine passé la porte, Jacques regarde son gazon et s'arrête net à un « on a ga. »
Bernadette l'observe d'une manière se voulant discrète mais cache difficilement sa joie. Jacques est comme tétanisé.
Comme si de rien n'était :

Bernadette : - Nous avons encore gagné, Jacques.

Jacques s'approche de son gazon (dos au public donc), se penche vers lui, le touche.

Bernadette, *sourit (pour le public)* : - J'ai gagné. Il lui faut des grandes baffes à mon Jacques, et il repart. Une baffe et je repars, ça pourrait vraiment être son slogan. Un coup comme ça, Edouard ne s'en remettrait jamais.
Jacques, *toujours de dos* : - Un traître. Il n'y a qu'un traître pour m'avoir fait ça. (*se retournant vivement*) Qui est venu ici durant mon absence ?

Bernadette, surprise dans son sourire, se fige.

Jacques : - Vous ? Vous Bernadette... Je vois dans votre sourire...
Bernadette, *gênée, cherchant sa réplique* : - Oui Jacques, je souriais. Je souriais car je me doutais de votre réaction.
Jacques : - Mais c'est votre sourire, madame.
Bernadette : - Je souriais car vous cherchiez un traître

pour expliquer la mort de ce *gazonneau*. Et je vois que vous cherchez désormais la trahison même dans votre maison.

Bernadette attend une contradiction qui ne vient pas.

Bernadette : - Comme souvent, vous me considérez responsable en cas d'échec et ne savez pas reconnaître ma part de travail dans la réussite.

Jacques, *pour le public* : - Blabla blabla... Ta part de travail, quand tu auras serré les mains bien gercées de cinq mille trois cent douze bouseux au salon de l'agriculture, tu sauras ce que c'est de mouiller sa chemise.

Bernadette, *continue* : - Subodorant votre probable injuste réaction, j'ai pris l'initiative, ce matin, de téléphoner à notre ami Nicolas, Nicolas l'éminent scientifique...

Jacques : - Ecolos de mes...

Bernadette, *plus haut, couvre sa voix pour éviter d'entendre la suite* : - Pour lui demander si le fait d'imbiber avec du champagne, chaque matin, 600 centimètres carrés de brindilles de mauvaise herbe.

Jacques : - Mauvaise herbe !

Bernadette : - Déjà peu vigoureuse, pouvait, après 17 jours, causer une mort irrémédiable. Vous voulez connaître sa réponse.

Jacques : - Sur ce sujet comme sur d'autres, son avis, vous savez...

Bernadette, *laisse peser le silence puis* : - Afin que cessent vos allusions injustifiées, même si vous ne me présentez pas des excuses avec la solennité exigée par vos injustes insinuations, notre ami Nicolas est formel : le champagne est déconseillé comme liquide d'arrosage ; je vous épargne les termes techniques, mais la composition du champagne peut s'assimiler à une surdose d'engrais...

J'ai naturellement évité de signaler à cet éminent scientifique que ce champagne était votre troisième bouteille de Dom Pérignon... Au gré de notre amicale conversation, il m'a d'ailleurs confié une de ses idées, et je l'ai jugée très intéressante... Elle pourrait redresser votre courbe d'opinions favorables...

Jacques : - Mais naturellement je vous écoute... Le miracle se produira quand nous ne l'attendrons plus.

Bernadette : - Il s'agirait de trouver l'opportunité d'un grand discours écologique, à l'étranger de préférence, que la tribune soit mondiale, sur le développement du... Pas durant... Mais un nom comme ça.

Jacques : - Dupont...

Bernadette : - Durable. Oui... Le développement durable, c'est son nouveau concept, qu'il est disposé à venir vous exposer dans les détails, il va même publier un livre sur le sujet... Il est persuadé que c'est sur ce terrain que se gagnera la présidentielle...

Jacques, *crie* : - Bernard !

Bernadette frémit (non remarqué par Jacques).

Entre Bernard : - Monsieur m'a appelé.

Jacques : - Je suppose que vous savez.

Bernard, *très cinéma des années 50* : - Oh monsieur, c'est moi qui ce matin ai constaté le décès... J'ai tout de suite pensé à l'immense chagrin qu'allait ressentir monsieur. Je tenais à vous présenter toutes mes condoléances attristées.

Bernadette, *pour elle-même* : - Mais il fou !

Bernard, *continuant* : - Et je me suis tout de suite précipité à la cave.

Jacques : - À la cave ?

Bernard : - Pour vous remonter quatre bouteilles de Dom Pérignon. Je me suis dit que si une telle chose m'arrivait, je prendrais quatre bouteilles et j'irais me coucher... J'ai bien fait monsieur ?

Jacques : - Vous videz quatre bouteilles de champagne, Bernard !...

Bernadette, *pour elle-même* : - En plus de nous voler il nous vole.

Bernard, *troublé* : - Du champagne, du champagne... C'est comme ça qu'on appelle du mousseau, du Paul Bur, c'est le meilleur rapport qualité prix que j'ai trouvé, ça ne coûte pas plus cher qu'un gros pain. Quand on se fait une petite fête, avec Caroline, on ouvre une bouteille de Paul Bur... Je sais bien que la circonstance n'est peut-être pas bien choisie, mais avec les enfants qui grandissent, une augmentation...

Bernadette : - Il manque pas d'air celui-là ! Il va en avoir une belle d'augmentation, elle s'intitulera indemnités de licenciement, puisqu'on ne peut même plus simplement « signifier son congé. » Vous parlez d'un progrès !

Jacques : - Allez, vous êtes bien brave, Bernard, apportez deux coupes, nous allons trinquer ensemble... Même dans les tranchées les Hommes se relevaient pour un bon verre.

Bernadette : - Trois coupes.

Jacques : - Vous, madame !

Bernadette : - Vous êtes bien entré en chantonnant gaiement, « *on a gagné* », je suppose le juteux contrat signé.

Jacques : - 10% ! Pour tous les travaux dans les établissements scolaires. Nous allons avoir les plus beaux lycées du monde ! Et pour qui le pactole ? Et pour qui la belle avance ? Non madame, votre mari n'est pas battu. On va voir ce que l'on va voir, je saurai me battre... Tenez Bernard, en même temps que les bouteilles, ramenez-nous la valise sous la commode Louis XIV.

Bernard sort.
Bernadette sourit (on peut imaginer qu'elle pense : oh le grand enfant... une claque et il repart).
Bernard rentre sans bouteille mais avec l'attaché-case.

Bernard : - Monsieur le maire, monsieur Antoine désire vous parler.
Jacques, *soulève la main droite* : - Vous lui direz que vous ne m'avez pas trouvé.
Bernadette : - Que vous a-t-il fait, ce cher Antoine ?
Jacques : - Il a failli tout faire capoter avec son « rappel des nouvelles dispositions légales. » Ça jette un froid un truc pareil.
Bernadette : - Mais Jacques, vous ne seriez quand même pas dans l'illégalité ?
Jacques : - Moi ? Oh ! Jamais ! Antoine a toutes les délégations pour traiter ce genre d'affaires. Je suis au-dessus de tout ça, voyons madame, je suis monsieur le maire quand même... Même si parfois vous semblez considérer ce poste comme dérisoire.

Pendant cet échange, Bernard se place de façon à n'être pas vu de Bernadette et tente de communiquer à Jacques une information par signes, d'abord en décrivant un téléphone, puis en montrant l'aquarium puis finalement en sculptant des mains les hanches d'une femme. Jacques soudain comprend.

Jacques : - Bon, bon, puisque vous insistez madame, j'y vais, j'y vais.

Et il se précipite...

Bernadette : - Vous êtes bien pressé soudain.
Jacques, *en sortant* : - S'il n'en reste qu'un, vous avez

raison, ce sera le meilleur d'entre nous ! Je lui dois quand même un peu d'attention...

Bernadette, soupçonneuse, cherche Bernard du regard.

Bernadette : - Georges, vous pouvez me certifier qu'il s'agit bien d'Antoine ?
Bernard : - Oh madame ! Je reconnaîtrais sa voix entre 10 000.
Bernadette : - Vous sauriez parfaitement la différencier avec celle d'une femme... Une femme en particulier...
Bernard : - Oh madame...
Bernadette : - Soit. J'apprendrai sûrement dans la journée qu'Antoine était en réunion à cet instant précis, et qu'il n'a pas parlé à monsieur le maire depuis hier soir... (*en regardant Bernard*) Vous seriez parfaitement d'accord avec moi, que dans ce cas, je ne pourrais naturellement plus continuer à vous accorder ma confiance.
Bernard : - Oh madame... Après tout ce que j'ai fait pour vous, après tant et tant de bons et loyaux services ! Être viré à cause d'un imitateur.
Bernadette : - S'il s'agissait d'un imitateur, monsieur le maire serait déjà de retour.
Bernard : - Vous n'avez pas regardé l'émission sur les imitateurs en Belgique. Si je me suis fait avoir par un imitateur, monsieur le maire peut aussi être piégé.
Bernadette : - Ne soyez pas insolent. Nous ne sommes pas en Belgique ! D'ailleurs je n'ai plus besoin de votre service. Paris en Belgique ! Vous reviendrez quand monsieur le maire aura terminé sa consultation téléphonique. Paris en Belgique, le fou !

Bernard, *pour le public, en sortant* : - Y'a des gens, c'est à vous dégoûter de leur rendre service.

Bernadette : - Toujours une bonne chose de faite !... Que va-t-il m'inventer cette fois-ci ?

Elle va chercher l'attaché-case qu'avait posé Bernard près de la porte d'entrée. Se rassied. L'ouvre.

Bernadette, *souriant* : - Ah ce grand Jacques !... (*grands yeux émerveillés*) Il n'a pas que des défauts... Au moins la petite ne manquera jamais du nécessaire.

Jacques rentre tout guilleret... Il jette un bref coup d'œil à l'aquarium et sourit.

Jacques : - Alors, ce noble breuvage adoré ? (*crie :*) Bernard !

Bernard, *en entrant* : - Monsieur.

Jacques : - Bin alors, mon ami, où étiez-vous passé ?... Y'a du relâchement dans le service !

Bernard : - Madame m'avait prié de patienter ailleurs.

Jacques observe Bernadette avec toujours la mallette sur elle.

Jacques : - Vous avez compté...

Bernadette : - Compté non... Mais c'est beau... Et tout est à nous ?

Jacques : - Pas un seul intermédiaire... Antoine seul a vu. Donc personne n'a vu !

Bernadette : - Antoine, toute l'honnêteté d'un grand commis de l'état... C'est un homme comme lui qu'il nous faudrait comme majordome...

Jacques : - Encore une bonne nouvelle, chère épouse... Nous allons gagner...

Bernadette : - Vous dîtes ?

Jacques : - Nous allons gagner... La popularité (*de l'index il tend une ligne droite partant du bas vers le plus haut qu'il puisse... se dresse même sur la pointe des pieds... et finalement monte sur une chaise... et manque de tomber... Bernard se précipite pour le soutenir).*

Jacques : - Ah Bernard, vous avez bien mérité votre Dom Pérignon.

Bernard, *voix basse* : - Et si vous pouviez en profiter pour placer deux mots à madame, elle veut encore me virer, et cette fois elle semble obstinée.

Jacques : - Ne vous inquiétez pas cher ami, ce ne sont que des mots. Vous êtes de la maison.

Bernadette : - Je suppose que la deuxième partie de votre démonstration, c'est la popularité de votre ancien ami ?

Jacques : - Votre humour... Si la France pouvait en profiter aussi...

Bernadette, *semble ravie* : - Et quel miracle va opérer cette irrésistible ascension ?

Jacques : - Un livre.

Bernadette : - Vous avez lu les bonnes pages d'un livre à scandale sur le traître ?

Jacques : - Je vais écrire un livre.

Bernadette : - Et qui va vous l'écrire ?

Jacques : - Heu... Hé bien Antoine naturellement.

Bernadette : - Ne plaisantez pas, Jacques, vous ne préparez pas le concours d'entrée à l'ENA.

Jacques : - Antoine et quelques conseillers.

Bernadette : - Conseillers, vous écrivez cela è-r-e à la fin ?

Jacques : - Oh ! Madame !

Bernadette : - Et il racontera quoi ce livre ?

Jacques : - Vous en aurez la primeur... Comme vous devez réaliser votre pèlerinage annuel en Corrèze, nous avons pensé que la date est bien choisie pour une mise au vert, une petite quinzaine de travail, de brainstorming... Et à votre retour, vous lirez ça... Naturellement votre avis sera apprécié...

Bernadette semble soupçonneuse à partir de « mise au vert. »

Bernadette, *réfléchit* : - Je suppose qu'Antoine sera de votre mise au vert.
Jacques, *hésite* : - Naturellement.
Bernadette : - Et Jean-Pierre ?
Jacques : - Jean-Pierre ? Quelle idée !... J'ignore ce que vous lui trouvez !
Bernadette : - Il a parfois d'excellentissimes idées.
Jacques : - Il s'y connaît à virgule et publicité... Allons bon... Je vais rappeler Antoine pour lui demander de l'ajouter à la liste de consultants.

Il sort.

Bernadette s'empresse de prendre le téléphone sous son fauteuil et appuie sur une touche. Quasi immédiatement :

Bernadette : - Antoine, mon ami, monsieur le maire n'arrive pas à vous joindre depuis ce matin.

Bernadette sourit. Bernard est catastrophé.

Bernadette : - Il voulait savoir comment vous alliez depuis hier soir.

Bernadette continue à sourire.

Jacques, *rentre* : - C'est occupé.
Bernadette : - Je vous passe monsieur le maire, il vient justement d'arriver... Tenez mon ami, Antoine souhaite vous parler.
Jacques : - Vous avez appelé Antoine !
Bernadette : - Par erreur, monsieur le maire... Encore un

aléa du progrès technologique... J'ai malencontreusement appuyé sur M3 au lieu de M6... Vous imaginez bien ma surprise d'entendre Antoine chez ma coiffeuse... Tenez, il va s'impatienter... Vous avez tant de choses à lui raconter. (*Jacques a un regard « oh la garce ! »*)
Jacques, *parlant rapidement* : - Antoine, donc, pour cette mise au vert, tu peux ajouter Jean-Pierre dans la liste des consultants. Je suis d'accord avec toi, il n'a jamais eu la moindre idée mais il peut être utile pour les participes passés, les subjonctifs et les accords. Enfin, s'il ne peut pas venir, ce ne sera pas grave ! L'important étant qu'il se sente de l'aventure, qu'il puisse ressasser « j'ai participé » et nous fasse une bonne publicité du livre dans sa province. Donc tu t'occupes de tout comme convenu, tu nous loues un gîte rural pas trop loin. *(Bernadette sourit)* Je suppose que tu as déjà travaillé aux grands chapitres, comme je le disais à Bernadette, je n'y aurais jamais pensé sans ton aide.

Jacques, *pour le public* : - Mais il ne comprend rien cet âne ! Il est même capable de réserver un gîte rural dès que j'aurais raccroché. Comment lui faire comprendre !

Jacques, *au téléphone* : - Oui, tu prévois déjà un plan marketing à la hauteur de l'événement... Je ne sais pas moi, quelles sont les meilleures émissions pour présenter un livre à la télévision...

Jacques, *soulagé, pour le public* : - Il a pigé.

Jacques, *au téléphone* : - Je te rappelle incessamment pour valider l'ensemble du planning... Oui oui... On a tout notre temps... Oui... (*Jacques sourit*)

Il s'apprête à raccrocher...

Bernadette : - Tu me le passes, s'il te plaît...

Jacques, *inquiet* : - Bernadette a encore trois mots à te dire... Ah, tu es pressé...

Bernadette, *tend le bras et subtilise l'appareil* : - Antoine, mon ami, excusez-moi trente secondes... (*elle pose la main sur l'appareil et sourit, Jacques est perplexe sur ses intentions*)
Jacques : - Servez-nous, Bernard.
Bernadette : - Antoine, nous avons pensé avec monsieur le maire, pour accroître votre popularité auprès des petites gens, votre présence serait appréciée en Corrèze, à mes côtés. Vous y rencontriez la presse locale et le gratin du département...
Jacques, *au public* : - La garce ! Et petit Antoine va tomber dans le panneau. (*imite* :) « *mais c'est une merveilleuse idée, madame, je n'ai rien de prévu.* » Idiot, il a compris que l'histoire du gîte c'est du pipeau mais il n'est pas foutu de comprendre qu'à « *madame* » il doit répondre « *mais je serai avec monsieur le maire* »... Ou alors c'est sa manière à lui de me trahir, de jouer les idiots ?

Jacques prend la coupe que Bernard lui présentait depuis quelques instants. Et la vide cul sec.

Bernadette : - Vous êtes un véritable ami, Antoine. Monsieur le maire me l'a si souvent répété, vous nommer premier ministre serait le plus beau jour de sa vie.
Jacques se fait resservir une deuxième coupe, la vide cul sec. Puis une troisième (Bernadette l'observe et perd son sourire). Une quatrième.

Bernadette, *au public* : - Mon Dieu ! Oui, je lui ai montré que je ne suis pas dupe. Mais je ne peux même pas en triompher. Mon Dieu, il n'y a plus que ça qui le tienne debout. Qu'il y aille avec cette secrétaire, qu'elle lui offre le fruit de son noctambulisme, cette névrosée. Une fois qu'il ne lui fait d'enfant, l'honneur est préservé.

Bernadette : - Monsieur le maire vous rappellera. Bonne journée mon ami.

Bernadette raccroche.

Bernadette : - Georges, vous pourriez aussi m'offrir une coupe.

Bernard verse du champagne dans une coupe et la tend à Bernadette.

Jacques : - Allez, trinquons.

Bernadette : - Oui, trinquons à cette magnifique petite valise.

Ils trinquent (Bernadette sourit quand elle trinque avec Bernard).

Rideau

Acte 3

*Quelques semaines plus tard. Scène identique à l'acte 1...
Avec de nouveau une pelouse bien verte dans l'aquarium.
Bernadette dans son fauteuil, le regard fixé sur une page
du journal.*

Bernadette : - Mon Dieu. Saint Antoine de Padou priez pour nous. Saint Eloi priez pour nous. Sainte Bernadette, priez pour moi. Mon Dieu, les courbes, les courbes s'inversent. Mon Dieu, plus aucun doute. Mon Dieu, vous m'avez entendue. Mon Dieu, elles vont bientôt se croiser. Oh mon Dieu ! Jamais plus je ne douterai de votre grandeur.

Jacques entre, euphorique.

Jacques : - Ah ! Vous avez déjà reçu le journal ! Vous avez vu ça !
Bernadette : - Mais comment savez-vous ?
Jacques : - La meilleure, j'ai gardé la meilleure pour le petit-déjeuner. Allez, je vous l'annonce avant : ils retournent leur veste, tous, ces messieurs des médias. Ha, ha ! Quelle belle leçon pour l'histoire ! Ils savent qu'avec moi, ils seront toujours bien logés, bien nourris et... *(il sourit, se retient d'en dire plus)*. Ils ont compris qui a le vent en poupe... waouh... *(tour complet sur lui-même... a du mal à se récupérer...)* Ah, il faudra que je fasse quelques exercices *(il sourit)*.

Admirative, Bernadette le fixe (sans comprendre le sous-entendu « quelques exercices ».»)

Jacques : - Mais ne croyez pas ce journal, chère future première dame de France.

Bernadette : - Comment !
Jacques : - Ne croyez pas qu'il me devance encore de quatre points, le scélérat, le traître, l'innommable.
Bernadette, *souriante* : - C'est-à-dire, cher ami…
Jacques : - En fait, je ne suis plus qu'à un point et demi derrière le traître. Le demi ne compte même pas. C'est pour cela qu'ils retournent leur veste. Je leur ai dit « non, non, attendez. » Vous allez me demander, pourquoi ? Et je vais vous le dire.

Bernadette sourit, conquise.

Jacques : - Oh zut, je me mets à parler comme l'autre félon… Il peut préparer ses valises pour Budapest, celui-là ! Admirez notre raisonnement : il faut laisser le téléspectateur lambda penser « comme c'est injuste, le traître ne fait rien depuis deux ans, et reste quatre points devant. » Tout est affaire de timing dans ce genre de sport. Maintenant qu'il me voit derrière son dos, il s'affole, le vieux joufflu, l'innommable. Alors je vais rester derrière encore quelques jours et il va bien être forcé de jouer son va-tout.
Bernadette : - Et il va nous gratifier d'une rime pauvre du genre « *il fait chaud dans le métro.* »
Jacques : - Il va bien nous sortir un truc que ses conseillers lui auront conseillé, et il va se ramasser, on va la trouver, la faille de sa carapace, on va tirer à boulets rouges, la grosse artillerie est prête, je peux vous l'affirmer, il sera naze le jour J, alors grand Jacques, trois petites enjambées « beau temps monsieur le premier ministre, vous m'excusez, les choses sérieuses commencent, j'ai un rendez-vous historique à l'Elysée. »
Bernadette : - Oh Jacques ! Nous allons vraiment gagner ?

Jacques : - Elle avait raison la vieille voyante ivoirienne. Deux défaites, et victoire. Elle n'a pas précisé combien de victoires. Je me verrais bien à l'Elysée deux septennats. Pourquoi pas trois. Et ça nous ferait quel âge, quatre ?
Bernadette : - Je prie chaque jour pour l'âme de cette brave femme. N'oubliez pas vos prières, Jacques.

Jacques hausse les épaules.

Bernadette : - Ne parjurez pas, Jacques. Reconnaissez l'intervention divine. C'est depuis que j'ai entamé ma neuvaine que les sondages frétillent.
Jacques : - C'est depuis... *(il se rend compte qu'il allait en dire trop ; crie :)* Pascaline !
Bernadette : - Appelez-la George *(avec un accent anglais très ridicule)*, comme l'autre.
Jacques : - Je le regrette, ce brave Bernard.
Bernadette : - Vous êtes bien le seul dans cette maison.

Entre Pascaline.

Pascaline : - Monsieur et madame ont sonné.
Jacques : - Mais oui, mais oui, service, mon amie, il fait soif.
Pascaline : - Bien monsieur le maire.

Pascaline sort.

Jacques : - Je lui trouve un petit air déplaisant, bourgeoise parvenue, genre fille d'innommable dernier. Je crois que je vais rappeler Bernard.
Bernadette : - Ne revenons pas sur ce sujet, s'il vous plaît, cher ami. J'ai d'ailleurs appris qu'il s'était replacé. Chez une... secrétaire *(elle observe Jacques à la dérobée, il reste impassible)* dont on dit les pires choses. Une intrigante. Une courtisane. On dit même qu'elle

travaillerait pour Matignon, qu'elle aurait pris ce Georges à son service pour essayer d'obtenir des confidences à notre sujet.
Jacques : - Bagatelles… Et de toute manière, le traître sait tout de nous, et nous sommes blancs comme neige…
Bernadette : - J'espère que vous ne la voyez pas.
Jacques : - Mais je n'ai aucune raison de voir Bernard tant qu'il n'est pas de retour dans cette maison. Son vote m'est acquis, je n'ai aucune crainte à son sujet.

Pascaline revient avec un plateau et une coupe.

Bernadette : - Nous reparlerons de tout cela après le second tour… Quel est votre programme aujourd'hui ?...
Jacques, *regardant sa montre* : - La petite n'est pas encore arrivée ?... Province, province, province… Nous allons rester trois jours sans nous voir, comme vous le savez, chère épouse.

Entre Claude, qui se précipite sur le plateau, subtilise la coupe.

Claude : - Papa, tu sais bien que ça t'est interdit ! Maman, alors, tu m'avais promis de le surveiller. Le futur président !
Bernadette, *fataliste* : - Si tu crois que ton père est homme qu'on tienne en laisse…
Jacques : - Ah non ! À jeun, c'est insupportable de sourire, serrer des mains. Non ma fille ! Si tu ne me laisses pas déjeuner en paix, je ne bouge pas de cette pièce !
Claude : - Je parie que non.

Elle sourit et vide sa coupe cul sec.

Bernadette : - Claudie ! (*Bisou de Claude à son père puis à sa mère*)

Claude : - Ah ! Comme c'est bon, *(en souriant :)* tu me donneras l'adresse de ton fournisseur.
Jacques : - Pascaline, alors !, allez donc me chercher une autre coupe.
Claude : - Ah non !
Pascaline s'arrête.
Jacques : - Mais au service de qui êtes-vous ?!
Pascaline : - Madame et Monsieur m'ont bien stipulé de toujours écouter mademoiselle.
Jacques : - Mais pas quand elle délire, jamais quand elle veut mettre à l'eau son vieux père.
Pascaline sort et rentre quasi immédiatement avec une coupe, la remplit. Jacques se précipite et la vide cul sec. Claude tend sa coupe à remplir.
Bernadette : - Ma fille, voyons, ça ne se fait pas.
Claude : - Oh maman, lâche-toi un peu de temps en temps. On voit que ce n'est pas toi qui vas te taper trois jours avec des types qui azotent sous les bras, d'autres qui postillonnent, et des vieilles qui vous collent leur rouge à lèvres sur la joue. Le tout dans la même minute !
Bernadette : - La rançon de la gloire, ma fille ! M'as-tu déjà entendue tenir pareil langage ? Je suis moi-même élue du peuple, l'oublierais-tu ?
Claude : - Il va falloir te relooker maman. Sinon on va te comparer à la reine d'Angleterre et ça va nous faire perdre une partie de l'électorat populaire qu'on a eu tant de mal à rallier à notre cause *(elle vide sa coupe).*
Bernadette : - Vous me faites peur !… Parfois je dois me pincer quand je vous entends. Si je ne vous connaissais pas je vous croirais.
Claude : - Hé bien, tu vois, c'est l'essentiel.
Bernadette : - Mais ne vous coupez pas de notre électorat traditionnel.

Claude : - Mais ils sont comme toi, maman, ils nous connaissent !

Jacques, *qui se fait resservir une coupe* : - Le premier tour à gauche, le second au centre, ça c'est de la politique... Je suis certain que le vieux m'admire. Lui aussi, il a ratissé à gauche.

Bernadette : - Ho lui ! Mais lui est (*avec dégoût*) so-ci-a-lis-te.

Jacques : - Pas plus que moi ! Lui et moi, nous sommes de la même trempe. C'est d'hommes comme nous qu'elle a besoin, la France ! La France sera éternelle tant qu'elle trouvera des leaders naturels de notre trempe. Je suis son fils spirituel ! Il va voter pour moi, il me l'a promis. Et sa fille aussi !

Bernadette : - Sa fille, mon Dieu. Pauvre fille. Un enfant du péché (*elle joint les mains*).

Claude, *en se faisant resservir :* - J'espère que cette fois vous n'avez pas oublié de remplir les valises.

Pascaline : - J'ai scrupuleusement suivi les instructions de mademoiselle.

Jacques, *regarde sa montre* : - Bon, je vais me changer...

Il tend sa coupe en passant, Pascaline la remplit, il la vide en sortant.

Jacques, *de derrière la porte, crie* : - Ouvrez-en une autre... Nous la viderons dans la voiture...

Claude : - Si tu en as le temps.

Claude prend la bouteille des mains de Pascaline et finit le Dom Pérignon au goulot.

Bernadette, *s'exclame* : - Ma fille !

Claude : - Ah ! C'est moins bon. Mais y'a tout le plaisir de la transgression.

Bernadette, *répète doucement, abattue* : - Le plaisir de la transgression. Ma fille, ma Claudie, je ne te reconnais plus depuis que tu es chargée de campagne.

Claude : - On va baratiner durant trois jours sur la justice sociale, la France des travailleurs, la France qui souffre, fracture sociale, augmentation du smic, injustices, liberté, égalité, droits de l'homme, il faut bien vider les bonnes bouteilles loin des journalistes. Chargée de campagne... Chargée de champagne... Chargée de campagne... Tu ne vas quand même pas me le reprocher... Ils n'étaient pas nombreux à vouloir du poste voici quelques semaines...

Bernadette : - Jean-Pierre aurait rempli dignement cette mission.

Claude : - Il nous aurait concocté un super planning digne d'un conseiller général, visite des clubs du troisième âge avec petite causette au club de pétanque. On serait à 5% dans les sondages ! Je te l'ai expliqué : nous n'avons rien à perdre. Alors on rentre dedans. On n'a pas de temps à perdre avec la finesse. Certains, il leur faut des amphétamines pour un tel marathon, nous on carbure au Dom Pérignon, c'est quand même pas plus mal. Tu crois pas qu'on a raison ? On consomme français !

Bernadette : - Quelques émissions de télévision, la presse, pour une élection présidentielle, ça devrait être suffisant... À notre âge... Les gens connaissent Jacques !

Claude : - Mais non maman, le Jacques nouveau est arrivé ! Et même l'innommable va mouiller sa chemise. Enfin, il va essayer pour éviter d'apparaître trop ringard. Tu le vois prendre des amphétamines ou du Dom Pérignon ? Même du saumon, il ne touche que trois fourchettes. Hé bien ça, ça plaît pas aux marins qu'on renâcle sur leur saumon. Je croyais que tu connaissais la France profonde...

Bernadette : - La France change ma fille... La France

profonde, elle ne change pas, et méfions-nous de sa colère. Ne perdons pas nos valeurs. Nous ne savons pas ce que donnerait un vote de contestation à la décadence. Enfin, tout fout le camp...
Claude : - Mais non maman ! Toutes les professions aiment qu'on leur fasse croire qu'on s'intéresse à elles. Dans ces cas-là, tu sais comment on fait ?
Bernadette : - Que de sacrifices. Ne m'en dis pas plus ma fille, s'il te plaît, rien que le mot saumon, mon café me remonte.
Claude : - Hé bien si, maman, il faut que tu sois de notre côté, merde. Il faut que tu nous soutiennes !
Bernadette : - Mais que se passe-t-il ma fille ? Je suis de tout cœur avec vous.
Claude : - Sois moins coincée. Hé bien oui, on se met deux doigts dans la gorge et retour à l'envoyeur.

Bernadette a un haut le cœur. Se cache le visage de la main droite et de l'autre se retient de vomir.

Bernadette, *en se redressant* : - Et cette Christine vous accompagne ?
Claude : - Si tu crois que je connais le prénom de tous les gens qu'on doit voir aujourd'hui.
Bernadette : - Ma fille... J'ai la force d'entendre la vérité... Il faut que tu me dises... Je veux bien être tolérante, comprendre certaines choses que je ne comprends pas...
Claude, *prend le journal* : - Mais regarde les courbes plutôt que de te faire du mal avec des suppositions. Profite plutôt de l'irrésistible glissade de l'innommable.
Bernadette : - Je sais... Et depuis, plus personne ne me dit rien. Avant, tout. Je savais tout dans la demi-heure. Et maintenant on dirait qu'ils ont retrouvé leur guide, leur messie.

Jacques entre en costume, avec sa coupe.

Jacques : - Quand on parle du messie… On voit sa…

Bernadette, *pour couvrir la fin de sa phrase* : - Votre voiture semble arrivée.

Claude : - Maman, un jour il va te falloir lâcher-prise.

Jacques : - Je téléphone à mon brave maître zen pour qu'il passe te conseiller dans la journée. Soyez zen, chère épouse, laissez le vent nous porter ! L'air est frais mais la journée sera belle !

Jacques prend la nouvelle bouteille (précédemment ouverte par Pascaline) sur la table et se sert une coupe, la vide cul sec. Une autre coupe.

Claude : - Hé camarade !, sois un peu socialiste partageur…

Jacques prend sa fille dans les bras.

Jacques : - Ça fait du bien de se sentir soutenu, compris. C'est pas parce qu'on s'amuse qu'il faut se croire au théâtre ! C'est quand même la France qui est en jeu !

Claude : - On ne peut pas laisser la France sombrer dans la léthargie ! Il faut lui ouvrir les yeux ! Allez, elle nous attend.

Bernadette tressaille en regardant sa fille.

Bernadette, *murmure, blessée* : - Elle…

Claude, *quittant les bras de son père* : - La voiture… Maman, je crois que tu as vraiment besoin d'un peu de zen ou du Dom Pérignon. Et même des deux (*Claude prend la bouteille de Dom Pérignon*).

Claude embrasse sa mère. Jacques s'était déjà éloigné vers la porte, il se retourne et envoie un baiser en titubant. Sa fille le rattrape en souriant.

Ils sortent bras dessus bras dessous, sans écouter si Bernadette répond.

Bernadette : - Zen ou Dom Pérignon, quel choix !

Bernadette pose les mains sur les accoudoirs, la tête en arrière.

Bernadette : - Qu'est-ce que j'en aurais bavé... Mais si on gagne !... Ah ! Je pourrai dire que le jeu en valait la chandelle. (*elle joint les mains*) Que d'épreuves, mon Dieu, vous m'infligez pour mesurer ma foi, avant la grande récompense. (*silence*)

Bernadette, *se redresse et crie* : - George !

Pascaline entre.

Pascaline : - Madame m'a appelée.
Bernadette : - Une coupe.
Pascaline : - Je suis désolée, monsieur a emporté la bouteille et celle-ci est vide.
Bernadette : - Vous plaisantez, George ?
Pascaline : - Pas du tout madame (*elle retourne la bouteille*).
Bernadette : - Mais ouvrez une autre bouteille !
Pascaline, *l'air de désapprouver* : - Bien madame.

Elle sort.

Bernadette, *avec une pointe de fatalisme* : - Elle me ferait presque regretter l'autre, cette « girl »... (*silence*) Je viderai le reste dans son nouveau gazon... Qu'au moins il soit prudent, ne lui fasse pas d'enfant ! Sinon tout s'effondre !

Pascaline revient avec, sur un plateau, une coupe, une bouteille, l'ouvre et sert.

Bernadette : - Je n'ai plus besoin de vous.

Pascaline se retourne pour sortir.

Bernadette : - Laissez la bouteille.
Pascaline, *l'air de désapprouver* : - Bien madame.

Pascaline sort.

Bernadette : - Et si je prenais la première cuite de ma vie ?... (*elle boit la moitié de sa coupe*)... Raté !... Je ne comprends pas comment la petite peut vider ça d'un seul trait... Allez, je leur pardonne si c'est pour la victoire (*elle vide sa coupe*). Ah ! C'est trop, une coupe, sans même un petit biscuit. (*elle regarde la bouteille et sourit... elle prend la bouteille et boit au goulot... elle repose la bouteille, sourit et toussote...*) Ah ! Si père et mère voyaient ça !... (*en riant*) Je lâche-prise... Transgression ! Et si j'écrivais un bouquin moi aussi ! Et si je me faisais inviter à la télévision ? (*elle attrape le hoquet...*). Et si je changeais de coiffeuse ?

Stéphane Ternoise

Stéphane Ternoise est né en 1968. Il publie depuis 1991. Il est depuis son premier livre éditeur indépendant.

Dès 2004, il a proposé des livres numériques, en PDF. Mais c'est en 2011 seulement que les ventes dématérialisées ont démarré. Son catalogue numérique (depuis mi 2011 distribué par Immateriel) a ainsi rapidement dépassé celui du papier, grâce à des essais, des livres de photos... tout en continuant la lente écriture dans les domaines du théâtre et du roman. Depuis octobre 2013, et son « identifiant fiscal aux États-Unis », son catalogue papier tend à rattraper celui en pixels.
http://www.livrepapier.com ou
http://www.livrepixels.com

Il convient donc, de nouveau, d'aborder l'auteur sous le biais de l'œuvre. Ainsi, pour vous y retrouver, http://www.ecrivain.pro essaye de fournir une vue globale. Et chaque domaine bénéficie de sites au nom approprié :
http://www.romancier.net
http://www.dramaturge.net
http://www.essayiste.net

http://www.lotois.fr

Vous pouvez légitimement vous demander pourquoi un auteur avec un tel catalogue ne bénéficie d'aucune visibilité dans les médias traditionnels. L'écriture est une chose, se faire des amis utiles une autre !

Catalogue (le plus souvent en papier et numérique, parfois uniquement les pixels, le travail de mise en page papier demandant plus de temps que d'heures disponibles)

Romans : (http://www.romancier.net)
Le Roman de la révolution numérique.
Ils ne sont pas intervenus (le livre des conséquences) également en version numérique sous le titre *Peut-être un roman autobiographique*
La Faute à Souchon ? également sous le titre **Le roman du show-biz et de la sagesse (Même les dolmens se brisent)**
Liberté, j'ignorais tant de Toi également sous le titre *Libertés d'avant l'an 2000)*
Viré, viré, viré, même viré du Rmi
Quand les familles sans toit sont entrées dans les maisons fermées

Théâtre : (http://www.theatre.wf)
Théâtre pour femmes
Théâtre peut-être complet
La baguette magique et les philosophes
Quatre ou cinq femmes attendent la star
Avant les élections présidentielles
Les secrets de maître Pierre, notaire de campagne
Deux sœurs et un contrôle fiscal
Ça magouille aux assurances
Pourquoi est-il venu ?
Amour, sud et chansons
Blaise Pascal serait webmaster
Aventures d'écrivains régionaux
Trois femmes et un amour
La fille aux 200 doudous et autres pièces de théâtre pour enfants
« Révélations » sur « les apparitions d'Astaffort » Brel / Cabrel (les secrets de la grotte Mariette)

Photos : (http://www.france.wf)
Montcuq, le village lotois
Cahors, des pierres et des hommes. Photos et commentaires
Limogne-en-Quercy Calvignac la route des dolmens et gariottes
Saint-Cirq-Lapopie, le plus beau village de France ?
Saillac village du Lot
Limogne-en-Quercy cinq monuments historiques cinq dolmens
Beauregard, Dolmens Gariottes Château de Marsa et autres merveilles lotoises
Villeneuve-sur-Lot, des monuments historiques, un salon du livre... *-Photos, histoires et opinions*
Henri Martin du musée Henri-Martin de Cahors - Avec visite de Labastide-du-Vert et Saint-Cirq-Lapopie sur les traces du peintre
L'église romane de Rouillac à Montcuq et sa voisine oubliée, à découvrir - Les fresques de Rouillac, Touffailles et Saint-Félix

Livres d'artiste (http://www.quercy.pro)
Quercy : l'harmonie du hasard
Lot, livre d'art
Jésus, du Quercy
Les pommes de décembre
La beauté des éoliennes

Essais : (http://www.essayiste.net)
Le manifeste de l'auto-édition - Manifeste politico-littéraire pour la reconnaissance des écrivains indépendants et une saine concurrence entre les différentes formes d'édition
Écrivains, réveillez-vous ? - La loi 2012-287 du 1er mars 2012 et autres somnifères
Le livre numérique, fils de l'auto-édition
Aurélie Filippetti, Antoine Gallimard et les subventions contre l'auto-édition - Les coulisses de l'édition française révélées aux lectrices, lecteurs et jeunes écrivains
Réponses à monsieur Frédéric Beigbeder au sujet du Livre Numérique (Écrivains = moutons tondus ?)

Comment devenir écrivain ? Être écrivain ? (Écrire est-ce un vrai métier ? Une vocation ? Quelle formation ?...)
Amour - état du sentiment et perspectives
Le guide de l'auto-édition numérique en France
(Publier et vendre des ebooks en autopublication)
Copie privée, droit de prêt en bibliothèque : vous payez, nous ne touchons pas un centime - Quand la France organise la marginalisation des écrivains indépendants

Chansons : (http://www.parolier.info)
Chansons trop éloignées des normes industrielles
Chansons vertes et autres textes engagés
Chansons d'avant l'an 2000
Parodies de chansons - De Renaud à Cabrel En passant par Cloclo et Jacques Brel

En chti : (http://www.chti.es)
Canchons et cafougnettes (Ternoise chti)
Elle tiote aux deux chints doudous (théâtre)

Politique : (http://www.commentaire.info)
Ce François Hollande qui peut encore gagner le 6 mai 2012 ne le mérite pas
Nicolas Sarkozy : sketchs et Parodies de chansons
Bernadette et Jacques Chirac vus du Lot - Chansons théâtre textes lotois
Affaire Ségolène Royal - Olivier Falorni Ce qu'il faut en retenir pour l'Histoire - Un écrivain engagé, un observateur indépendant
François Fillon, persuadé qu'il aurait battu François Hollande en 2012, qu'il le battra en 2017

Notre vie (http://www.morts.info)
La trahison des morts : les concessions à perpétuité discrètement récupérées - Cahors, à l'ombre des remparts médiévaux, les vieux morts doivent laisser la place aux jeunes...

Cahors : Adèle et Marie Borie contre Jean-Marc Vayssouze-Faure - Appel à une mobilisation locale et nationale pour sauver les soeurs Borie...

Jeux de société
http://www.lejeudespistescyclables.com
La France des pistes cyclables - Fabriquer un jeu de société pour enfants de 8 à 108 ans
Le bon chemin pour Saint-Jacques-de-Compostelle

Autres :
La disparition du père Noël et autres contes
J'écris aussi des sketchs
Vive les poules municipales... et les poulets municipaux - Réduire le volume des déchets alimentaires et manger des oeufs de qualité

Œuvres traduites :
La fille aux 200 doudous :
- *The Teddy (Bear) Whisperer* (Kate-Marie Glover) - Das Mädchen mit den 200 Schmusetieren (Jeanne Meurtin)
- Le lion l'autruche et le renard :
- How the fox got his cunning (Kate-Marie Glover)

- Mertilou prépare l'été :
- The Blackbird's Secret (Kate-Marie Glover)

- *La fille aux 200 doudous et autres pièces de théâtre pour enfants (les 6 pièces)*
- La niña de los 200 peluches y otras obras de teatro para niños (María del Carmen Pulido Cortijo)

7   Avant les élections présidentielles

9   Version 1

51   Version 2

92   Auteur

Mentions légales

Tous droits de traduction, de reproduction, d'utilisation, d'interprétation et d'adaptation réservés pour tous pays, pour toutes planètes, pour tous univers.

Vous souhaitez jouer une pièce de l'auteur ?
http://www.ternoise.fr

Dépôt légal à la publication au format ebook du 14 avril 2011.

Imprimé par CreateSpace, An Amazon.com Company pour le compte de l'auteur-éditeur indépendant.
livrepapier.com

EAN 9782365415453
ISBN 978-2-36541-545-3
Avant les élections présidentielles (Pièces de théâtre politique) de **Stéphane Ternoise**
© **Jean-Luc PETIT - BP 17 - 46800 Montcuq France**

www.ingramcontent.com/pod-product-compliance
Lightning Source LLC
Chambersburg PA
CBHW060206050426
42446CB00013B/3011